香港電車

叮囑110年

李俊龍 編著

中華書局

目錄

電車伴我　百載同行

序

不知不覺，電車已陪伴香港渡過了一百一十個寒暑，我相信大多數人，特別是在港島區成長或居住的市民，都對電車有着一份感情。毫無疑問，電車已成為幾代香港人的集體回憶，其價值已非只局限於提供一般的交通服務，更扮演着香港活文化遺產和重要標記的角色。

電車是香港最先出現的陸上集體運輸工具，當地下鐵道系統尚未通車，巴士、小巴路線還未如現時般四通八達的年代，車費低廉、路線固定的電車是市民的交通首選；一九六〇至一九七〇年代為了應付龐大的乘客量，電車公司更於主車廂後面額外接駁拖卡提高載客量。如今即使代步工具的種類多了，面對着強大的競爭壓力，電車在大多數人的心目中，依然佔據着不可取代的位置。

現時香港電車公司擁有一百六十三輛電車，被譽為世界上仍在服務中的最大雙層電車車隊，平均每天接載二十萬人次的乘客。百多年來，電車的設計不斷改良，除了採用更舒適的車廂設計，亦致力於解決噪音問題，以貫徹電車作為最環保交通工具的形象。另外，我們亦不斷提升服務質素，包括利用先進的無線射頻定位系統以改善班次的編排、提供實時的乘客資訊，以及增强可靠度和安全性等。但在改變的同時，我們仍致力維繫電車獨特的傳統，所以即使電車設計已進入第七代，其外型仍保存着古典的味道。

人們偏愛電車，還因為那份含蓄但可親的人情味。

坐在電車上，穿梭於車水馬龍的街道，乘客可以悠閒地欣賞途經的西環、中環、灣仔、北角等不同面貌風情的地區景物，混合街上人車所發出的聲響，猶如急管繁弦的交響樂，把這個城市的氣息以最生動的姿態呈現眼前。或許正是這種能夠讓我們親近社區的特質，才令大家都喜愛電車。

近年，電車亦發揮了無限的可能性和創意，它變身為藝術融入生活與社會的平台，讓樂隊及藝術家盡情展現才華，為普羅大眾提供免費的文化娛樂，凸顯這個繁華大都會的多樣化和充滿活力的特質。

《香港電車：叮囑 110 年》詳細記載了香港電車發展的歷史，當中包含大量珍貴的圖片。我衷心感謝李俊龍先生多年來對電車的支持。我們誠意將這本書推介給所有喜愛電車的朋友，希望大家閱讀後能更認同電車的價值，繼續支持電車的發展，延續電車文化，一齊見證香港的昨天、今天與明天。

香港電車有限公司董事總經理

魏文先生

自序

電車於一九〇四年投入服務，至二〇一〇年法國威立雅全資擁有後進行大革新，積極改善電車的服務質素，除了推出更換新電車的措施外，最近更於部分車站設置屏幕和研製空調電車。縱使面對同業激烈的競爭，交通擠塞及乘客量持續下跌的惡劣營運環境，電車公司仍秉承着一份香港精神，不但沒有自棄，反而不斷增值，一切的堅持都只為服務市民。

香港電車發展至今，不但成為大家生活中不可或缺的部分，更是香港的標記。從歷史當中，我們可以看見電車的轉變，然而這些轉變是持續向前，而不是停滯不前的。近年最令人鼓舞的是，世界各地已消失的電車系統，紛紛以全新形象再度出現。電車是低成本高效益的綠色交通，可為城市帶來動力，注入朝氣。

生於「八〇後」，住在港島，我的家就在電車站旁，推開窗戶便能輕易看到電車在街上來來往往，可說是聽着「叮叮」聲長大的。事實上電車只是一輛以木材及金屬製成的車輛，而真正吸引人的，是那份懷舊傳統味道。電車已融入了我的生活，她擴闊了我的交際圈子，使我認識很多志同道合的朋友，甚至帶領我走進一些陌生而又有趣的地域。二〇〇六年我們創立「香港電車迷會（電車友）」，為電車愛好者提供一個交流的平台，我從未想過二〇一〇年可自組公司，與電車公司合作推出紀念品。二〇一三年更在山頂廣場開設首間「香港電車文化館」，推廣香港獨有的電車文化，展覽齊備的收藏品。

過去四年我都有推出電車書籍，更曾試在每一本書中加入不同的題材，以提供給特定的讀者群多樣的閱讀趣味。很榮幸今年可以繼續編寫電車書籍，概述電車發展的歷史及記錄各界人士口述的電車回憶，以簡潔的文字和大量未曾曝光的圖片去展現香港電車的點點滴滴，刻意避免使用一大堆艱深沉悶的技術數據資料。相信這書除了能滿足一眾電車迷外，也適合各界人士閱讀。

「叮叮、叮叮」，電車的鈴聲陪伴了不少港人成長，也見證了香港的變遷，到了今年，已是一百一十周年了。無論是其職工、乘客或市民都必定樂見電車繼續發展，延續傳統文化，跨越新世紀。

李俊龍

香港電車發展

約 1905 年，電車在銅鑼灣鵝頸橋（又稱寶靈橋）上行駛，跨越寶靈頓運河。

1906 年夏，颶風襲港後街上滿目瘡痍。一輛電車被困在天后附近。

1910 年代，西環堅尼地城海旁「均益倉」附近。電車已是加上帳篷的第三代。

1920 年代，電車駛經花園道附近。

1920 年代，
電車與人力車是當時港島區主要的交通工具。

1930 年代，前方為金鐘皇后大道東，
遠望為兩座三層高的海軍船塢大樓。圖中電車已發展至第四代。

1940 年代，電車駛經中環德輔道中歷山大廈。

1940 年代，德輔道中（近中央街市）。

1950 年代，德輔道中與畢打街交界。

1950 年代，兩代電車相遇在中環高等法院。

1960 年代，為了應付大量移民湧入，以致急速增加的乘客量，遂引入了十輛單層拖卡。
圖中一輛帶有拖卡的電車駛經銅鑼灣電車總站。

1960 年代，
於銅鑼灣軒尼斯道（現 Sogo 附近）工人忙於維修電車路。

1970 年代，中環希爾頓酒店於 1958 年興建，
1995 年 5 月 1 日結業及拆卸，並重建為今天的長江中心。

1980 年代，拉直後的金鐘道。

1980 年，銅鑼灣霎東街車廠。

1998 年，電車站擠滿乘客。

1996 年，堅尼地城電車總站。

2009 年，法國威立雅集團正式入主香港電車公司。

1900s
1920s

早期香港電車服務

電車路軌沿港島北岸而建，搭上電車便可欣賞沿海風光。

香港電車的誕生

一八四二年，滿清政府與英國簽下《南京條約》後，香港便展開其長達百多年的英國殖民地生涯。開埠初年，根據英國進行的統計記錄，當時的人口只有三千六百五十人。後來在港英政府的大力發展下，香港成為了一個自由貿易的轉口港，吸引了大批華洋貿易商人到來，再加上十九世紀中的太平天國運動，不少華商逃港避難，以致人口急增，至一八八一年已高達六萬人，市民對集體運輸工具的需求甚殷，因此立法局首位華人非官守議員伍廷芳提出興建車路計劃。

一八八二年，政府頒佈《有軌電車事業條例》，建議興建一個分為六段的電車系統，而現為人所熟悉的山頂纜車就是其中一段。由於當時的中區及太平山一帶為英國人及外國富商聚居的地方，故財團只對這段電車系統感興趣。當纜車於一八八八年通車時，港島北岸的電車系統計劃仍無人問津，唯有把計劃擱置。

此情況一直維持到一九〇一年，鑒於英國電車營運的成功，政府認為香港的環境也適合發展電車系統，遂提出《香港電車條例》修訂案，由英資的「香港電車電力有限公司」（於一九〇二年二月七日，在英國倫敦成立，資本約為三百英鎊），負責經營電車業務，那時的車輛、軌道及設備等均由英國引入。可惜該公司不久便宣佈清盤，同年年底由「香港電力牽引有限公司」接管。至一九〇三年，電車公司開始進行鋪設路軌及興建設施的工程。當時路軌規定的標準距離為一千〇六十七毫米，而架空電纜的電壓則為五百五十伏特。路線方面，初期只是由堅尼地城至銅鑼灣鋪設單軌，其後才延至筲箕灣。

值得一提的是，初期的電車公司是由洋人出任管理層，後期才改為由華人出任。由一九〇二年開始，就由 J. Gray Scott 先生出任總經理。洋人出任總經理這「傳統」直至一九九四年才有新轉變，由華人易志明先生擔任。從此，總經理一職就多由華人出任。

1　兩輛三等電車駛經西環石塘咀著名地標廣東大酒店，可見全開放式的車身。
2　1900 年代，中環海旁。

1

2

1

1 1909 年電車公司管理層及高級職工合照。
2 1920 年代，山頂纜車是唯一直接連接金鐘和山頂的交通工具。

2

電車通車日

在一九〇四年七月二日，第一輛電車於銅鑼灣至灣仔一帶進行試行儀式。一九〇四年七月三十日，這輛編號為16的電車於上午十時，由當時的工務局局長夫人鍾斯太太駛離位於銅鑼灣的車廠，直到金鐘軍器廠街附近。她的兒子則沿途不斷敲鐘響號。其後，電車公司在車上舉行雞尾酒會，氣氛非常熱鬧。在一片歡呼聲中，香港電車正式投入服務。

1

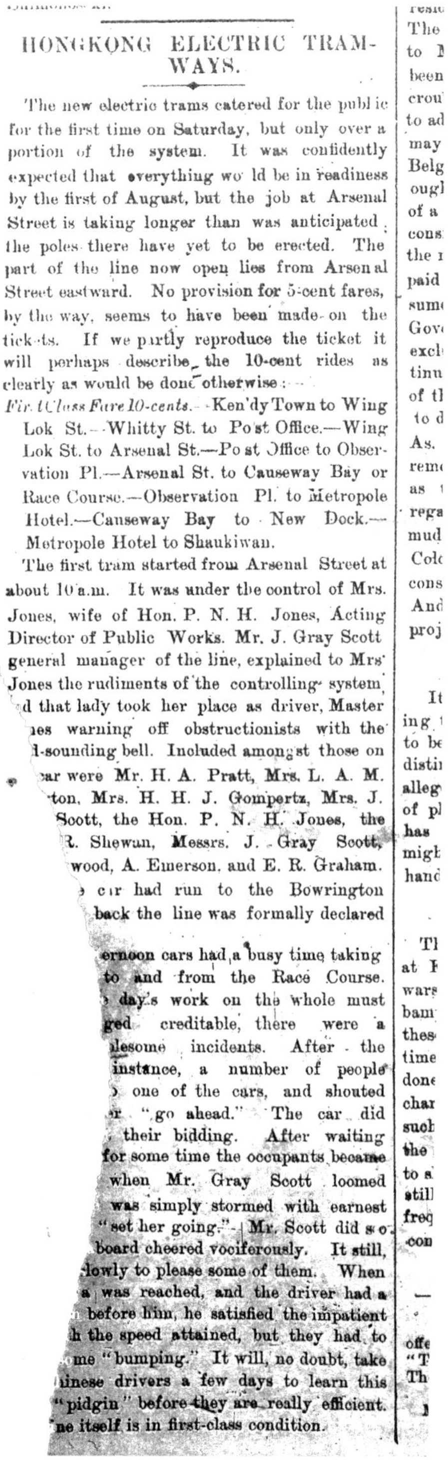

HONGKONG ELECTRIC TRAMWAYS.

The new electric trams catered for the public for the first time on Saturday, but only over a portion of the system. It was confidently expected that everything would be in readiness by the first of August, but the job at Arsenal Street is taking longer than was anticipated; the poles there have yet to be erected. The part of the line now open lies from Arsenal Street eastward. No provision for 5-cent fares, by the way, seems to have been made on the tickets. If we partly reproduce the ticket it will perhaps describe the 10-cent rides as clearly as would be done otherwise:—

First Class Fare 10-cents.—Ken'dy Town to Wing Lok St.—Whitty St. to Post Office.—Wing Lok St. to Arsenal St.—Post Office to Observation Pl.—Arsenal St. to Causeway Bay or Race Course.—Observation Pl. to Metropole Hotel.—Causeway Bay to New Dock.—Metropole Hotel to Shaukiwan.

The first tram started from Arsenal Street at about 10 a.m. It was under the control of Mrs. Jones, wife of Hon. P. N. H. Jones, Acting Director of Public Works. Mr. J. Gray Scott general manager of the line, explained to Mrs Jones the rudiments of the controlling system, ...d that lady took her place as driver, Master ...es warning off obstructionists with the ...l-sounding bell. Included amongst those on ...car were Mr. H. A. Pratt, Mrs. L. A. M. ...ton, Mrs. H. H. J. Gompertz, Mrs. J. Scott, the Hon. P. N. H. Jones, the ...R. Shewan, Messrs. J. Gray Scott, ...wood, A. Emerson, and E. R. Graham. ...e car had run to the Bowrington ...back the line was formally declared ...

...ernoon cars had a busy time taking ...to and from the Race Course. ...e day's work on the whole must ...ged creditable, there were a ...lesome incidents. After the ...instance, a number of people ...) one of the cars, and shouted ...r "go ahead." The car did ... their bidding. After waiting for some time the occupants became ... when Mr. Gray Scott loomed ... was simply stormed with earnest "set her going." Mr. Scott did so ...board cheered vociferously. It still, ...lowly to please some of them. When ...a was reached, and the driver had a ... before him, he satisfied the impatient ...h the speed attained, but they had to ...me "bumping." It will, no doubt, take ...inese drivers a few days to learn this "pidgin" before they are really efficient. ...ne itself is in first-class condition.

1 香港電車通車報道。
(*Hong Kong Daily Press*, 1 Aug 1904)
2 第一代電車，駛經中環街市。

2

1

1　1906 年，第一代電車，採用單層式設計，背景為中環歷山大廈。
2　第一代三等電車工程圖。
3　第一代頭等電車工程圖。

初期電車樣式、營運及收費

電車公司的首批電車共有二十六輛，全部被稱為「第一代電車」。這些電車全部都是單層設計，於英國製造，以組件形式由英國運至香港後，才進行裝嵌。

這些單層電車的車身均被髹上棗紅色，門窗框邊則髹上白色，而車頂部分設有通風窗以產生對流。當時的電車系統以單軌雙向行駛，故車頭及車尾均有駕駛室。

初時的電車分為兩類：頭等及三等電車。頭等電車有十輛，而三等電車有十六輛。頭等電車車身的中央部分是密封式的，靠邊各放一行長椅。而其車頭、車尾部分則採用開放式設計，可載客三十二人。至於三等電車，其車身是全開放式的，兩旁沒有旁板，橫放六排背對背長椅，整輛電車可載四十八人。當時頭等電車的車資為一角，三等則為五仙。

2

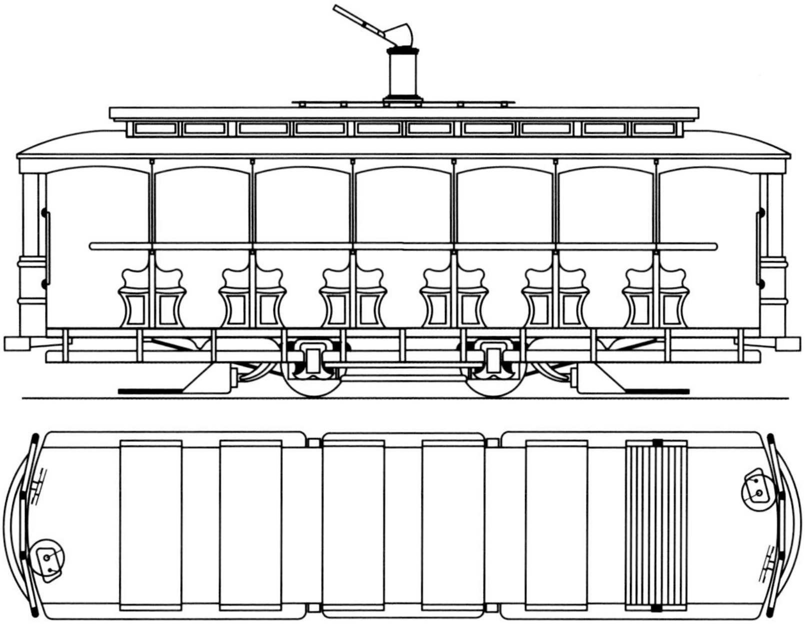

3

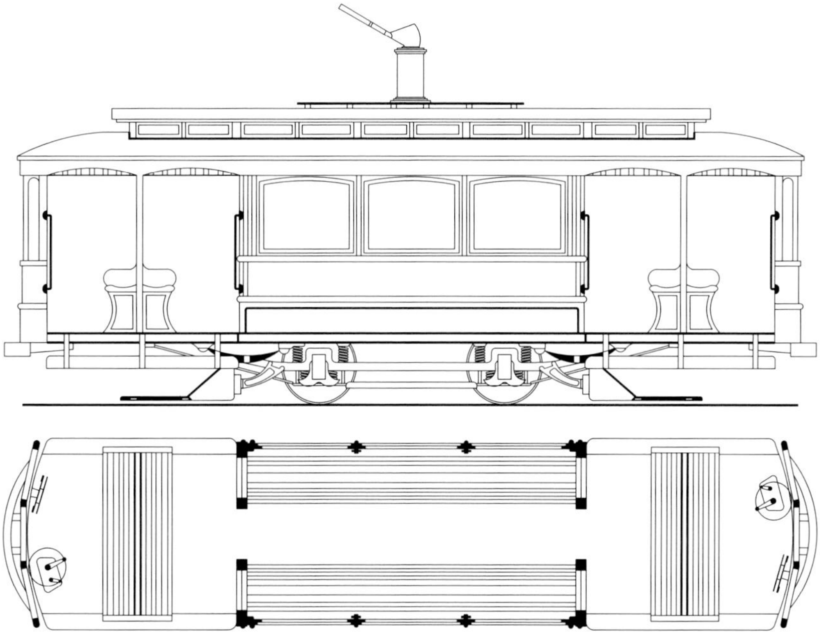

1

Hongkong. The Electric Tram Car

2

Queen's road Central, Hongkong.

3

1 第一代頭等電車駛經中區。
2 第一代頭等電車駛經中環木球會(現為遮打花園)。
3 第一代三等電車駛經筲箕灣。

新潮的交通工具

據記載，電車營運初期並非一帆風順。由於電車是嶄新事物，當電車到站時，市民便一窩蜂擁上車參觀擾攘一番，以致電車未能按時開出。另一方面，電車軌道較一般地面平坦，為求省力，苦力們喜歡把運貨的手推車推到電車路軌上，嚴重影響電車營運。有見及此，政府於一九一一年立例禁止任何人在電車軌道上使用裝上凸緣車輪，或裝上其他適合在電車軌道上行駛的車輪的車廂、電車廂或車輛，違例者可被罰款一百元，至今條例仍然生效。

一九一二年，電車公司為應付日益龐大的客量，故引入雙層電車。早期雙層電車的上層無蓋，只設有長椅。此時電車仍分兩個等級，上層及三分一的下層車廂劃分為頭等，下層同時接載頭等及三等乘客。此類型的電車為「第二代電車」，一共有十輛。

由於「第二代電車」的上層無蓋，令乘客受盡日曬雨淋之苦，其後電車公司便在電車上層加裝帆布作帳篷，加上帳篷的電車為「第三代電車」。

1　約 1905 年，堅尼地城加多近街，即現時住宅「泓都」附近。
2　電車駛經中環歷山大廈。

1

2

1

2

3

1 1911 年，被改裝為花車的電車正在進行慶祝英皇喬治五世 (King George V) 登基巡遊慶典。
2 一輛三等電車停泊在銅鑼灣總站。
3 銅鑼灣電車總站候車亭，1913 年啟用。

1

1　第一代（左）及第二代（右）電車。
2　早期的第三代電車駛經東區鰂魚涌往筲箕灣，車頂加上帆布帳篷，為乘客遮風擋雨。

2

1920 年代，除了電車及人力車外，
汽車也開始普及。

1920s

1930s

電車公司總部
移師香港後的發展

電車公司易手

一九一〇年「香港電力牽引有限公司」更名為「香港電車有限公司」，並於一九二二年把總部由英國搬遷至香港，經營權亦同時歸香港所有，成為一間獨立控股公司，其主要股權由怡和洋行擁有。同年，電車公司終止自行發電，改為向香港電燈公司購買電力。

電車公司在這段期間進行堅尼地城至銅鑼灣的雙軌鋪設工程，而銅鑼灣至筲箕灣仍是單軌雙線行車。其後因道路擴闊，才開始進行至筲箕灣的雙軌鋪設工程。

1

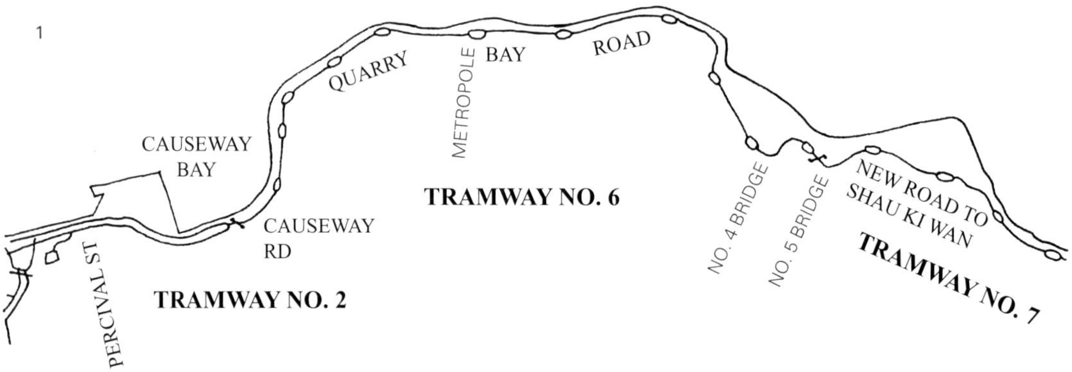

2

3

1 昔日銅鑼灣至筲箕灣軌道為單線雙程行車，每隔一段距離設有雙線避車處，讓兩輛反方向電車同時通過。
2 1930 年代，電車駛至鰂魚涌英皇道近柏架山道交界，當時此路段已鋪設電車雙軌軌道。
3 1970 至 1980 年代，繁忙的筲箕灣總站。

電車樣式的轉變

在一九二五年，「第四代電車」出現。第四代電車的上層仍為頭等，而下層則為三等。這款新設計的電車，令上下層的乘客均可獲得更多空間，也更為舒適。

1 加裝了帆布的第三代電車駛經繁盛的中環心臟地帶。
2 一輛電車於風暴中，脆弱的上層部分輕易被摧毀。這促使電車公司改良上蓋，發展出第四代電車。
3 第四代電車工程圖。

1

2

3

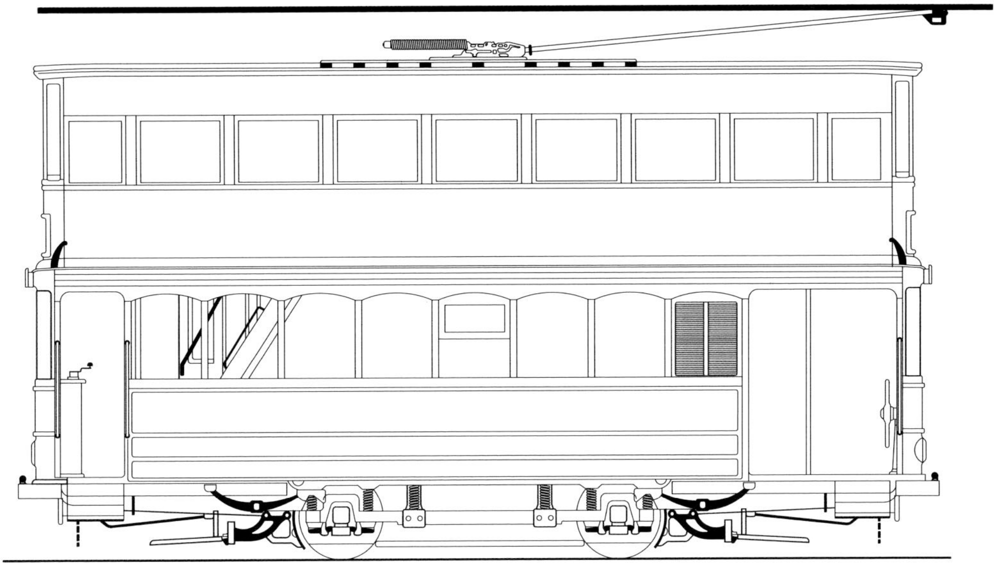

霸王車

早年，由於電車行駛速度慢，當遇上行駛中的電車，有些市民便會跑上前一跳，握住車的門窗邊，掛在車外，車快到站時立即跳下來，這樣就可不付錢，搭「霸王車」了！後來為免跳車發生意外，於是在車門裝上拉閘，以杜絕這種情況。

九龍電車胎死腹中

第一次提議於九龍建設電車的是電車公司。早於一九一三年十月，電車公司向政府提出申請，在九龍營運電車，並擬定路線由尖沙咀舊火車總站起，經彌敦道西至深水埗（即今日荔枝角道）及界限街。而東線則經漆咸道至九龍城。不過最後此方案遭政府否決。據說是次「胎死腹中」的原因是顧慮到一次大戰後，百業蕭條，政府認為市區重建才是首要的工作。

直到一九二三年，由於當時政府需要發展九龍一帶，故再次提出在九龍建設電車之建議。當年的十月四日，立法局更在會上通過撥款作前期興建費用。不過，在很短的時間內，政府就再度否決此事的可行性。其原因是：相對而言，巴士的服務比電車彈性大，行車速度快，噪音亦較少。電車在軌道上行駛及月台空間無可避免地阻礙到其他車輛的路面使用。此外，當時一些國際大城市亦開始淘汰電車，因此建議順理成章再度被擱置。

1910 年代，
電車公司提出於九龍營運電車的模擬路線。

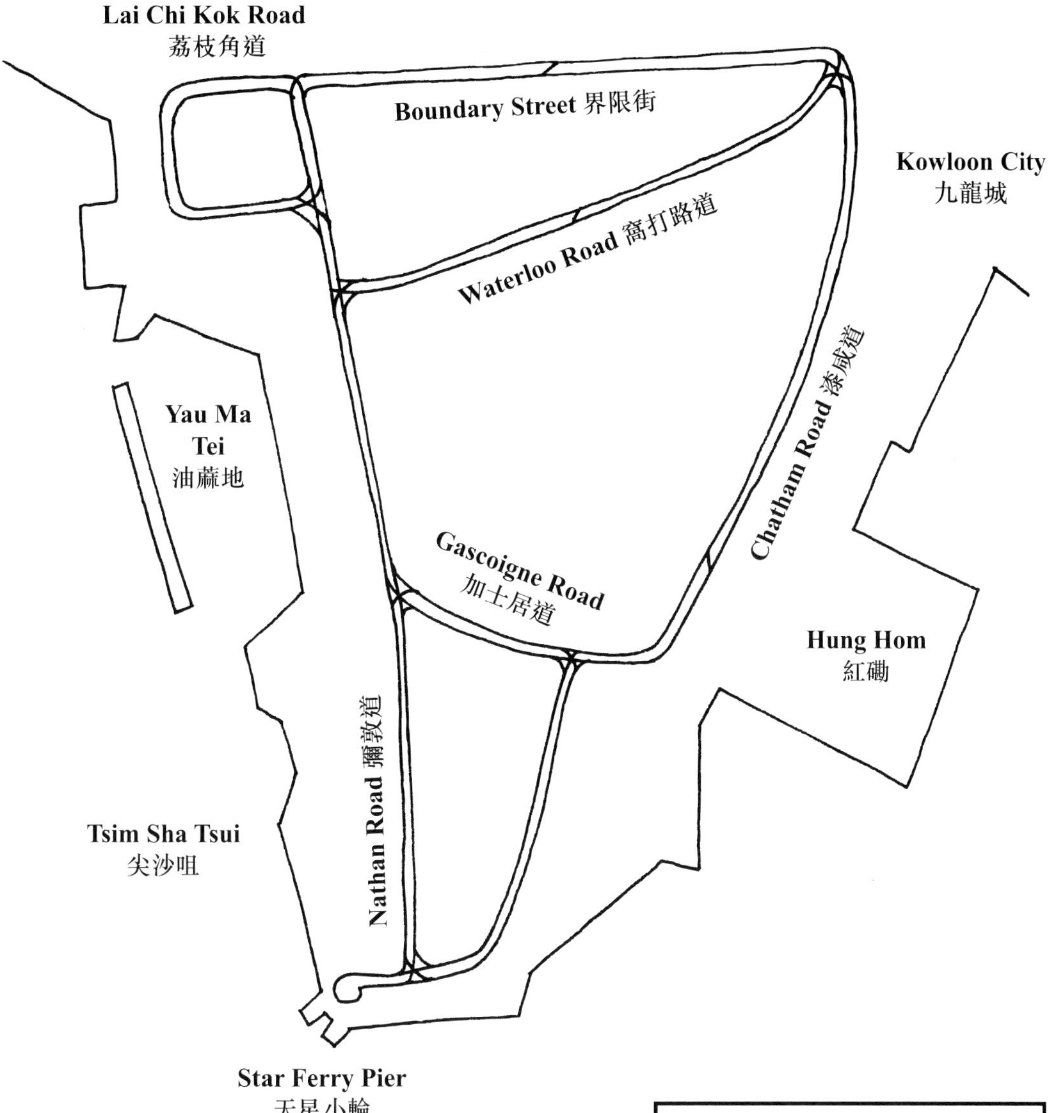

Hongkong Tramways project for Kowloon (1910s)

兼營巴士業務

一九二八年，電車公司同時兼營巴士業務，先於英國購入十部單層巴士，然後在同年十一月正式經營一條來往上環街市至跑馬地的巴士線。此後電車公司雖力爭開辦新路線，但卻屢遭反對。在營運成本高昂且利潤低等不利因素的影響下，加上一九三六年政府重新為公共巴士經營權招標，電車公司未能成功投得專營權，需要將手上八輛單層巴士售予中華巴士公司，遂結束其短暫的巴士業務。

1

2

1 轉售中華巴士公司的單層巴士。

2 由電車公司經營的跑馬地至上環路線的巴士。

3 電車公司收購啟德巴士公司並同時兼營巴士業務的報道。

3

電車公司接辦啓德汽車

由今日起照原有路線派車行走

將來擬再購新車廿輛擴充路線

（專訪盛）對海半島一帶、年前未有長途汽車行走、對海居民、如九龍城深水埔各處交通、祇有公衆馬車及手車而已、雖有倡議準行安置有軌電車、但卒未見實行、

▲過去之情形▼ 最後、則有汽車商人、合資組織一啓德街坊汽車公司、分派細小汽車、往來九龍城、尖沙咀、深水埗各處、至是、交通已頗稱利便、繼續而起者、則有九龍、中華各公司、亦派車行走各處、因此對海街坊車、已盛行一時矣、後各公司車輛、對於生意及行走之路綫、均互相競爭、至由交通部主持規定、三家車輛路綫、啓德公司所得者、係三四五號三條路線、三號、則由尖沙咀至九龍城、四號則由油蔴地至九龍城、五號則由紅磡至油蔴地、自此規定後、該公司生意、大不若前、且經交通部將該公司之細車取締後、所派出者、一律均屬大車、約計既有行走該三路車輛、不下十乘有奇、最近該公司股東、對於生意上、已有收盤之意、而本港之電車公司、自經向政府批准增派長途客車、行走海旁一帶、及電車軌路各處外、仍欲擴充此種汽車之路綫、遂擬接購啓德公司路綫之意、

▲司理人所言▼ 因此昨日下午、訪員乃往謁電車公司司理柏林美君、至時、柏君適與客談話、故未獲見、後候客去、訪員再入室謁見、柏君一見訪員進門、即起立握手歡迎、并微笑對訪員言曰、余已悉君此來之意矣、信必係因敝公司接購對海啓德公司之汽車與路綫事、因適間已有一西報訪員造訪、亦因此事、故能料君此來之意也、說畢、即按鐘呼一華人書記至、囑其取一英文通告、交本報訪員、以証實此事、該通告如下、香港電車公司、現得本港政府批准、將一九二六年啓德街坊車有限公司、全盤生意、并所有車輛路綫等、一概由本公司承頂、由今日起、（西曆一九二九年一月一日）、由本公司負責、照原有公司路線派車輪行走（香港電車公司司理柏林美） 柏君將通告交訪員後、繼言、本公司既將對海啓德公司承頂後、照舊派車行原有各路綫、至於三綫路程如何、君可詢一觀該公司之路綫圖則可也、說畢、柏君遂將一幅路綫圖、上書啓德公司路綫圖則、所指述各綫之路程、一如上述、

▲將來之計劃▼ 訪員復詢及本港之長途車、將來如何進行、答謂、現在雖已派車行走、欲繼續至跑馬地、惟仍在進行將路線擴充至堅尼地城處、此舉須俟政府批准後、始能實行、至於對海、則現已定購大號丹利士汽車廿輛、以便得以擴充車額也、談至是、訪員遂起立握手而退、

HONGKONG TRAMWAYS LIMITED

TRAMS PARKED FOR FINISH OF FINAL OF GOVERNOR'S CUP AT HONGKONG FOOTBALL CLUB GROUND MAY 5TH, 1934.

For:—

SAFETY—COMFORT—RELIABILITY—CHEAPNESS

TRAVEL BY TRAM

Shaukiwan-Western Market
6¾ Miles

Fare

1st Class	3rd Class
10 Cents	5 Cents

MONTHLY TICKETS (1st Class) $7 Each.

月票制度

早於一九三〇年代，香港電車已設有月票制度，並推行至今。電車月票現時售價港幣二百元，可於屈地街電車總廠、銅鑼灣及北角電車總站購買。

昔日電車月票深受歡迎，不少工廠及寫字樓的僱主都以電車月票作為員工福利之一。隨着時代變遷，交通工具選擇增多，月票的受歡迎程度已大不如前。

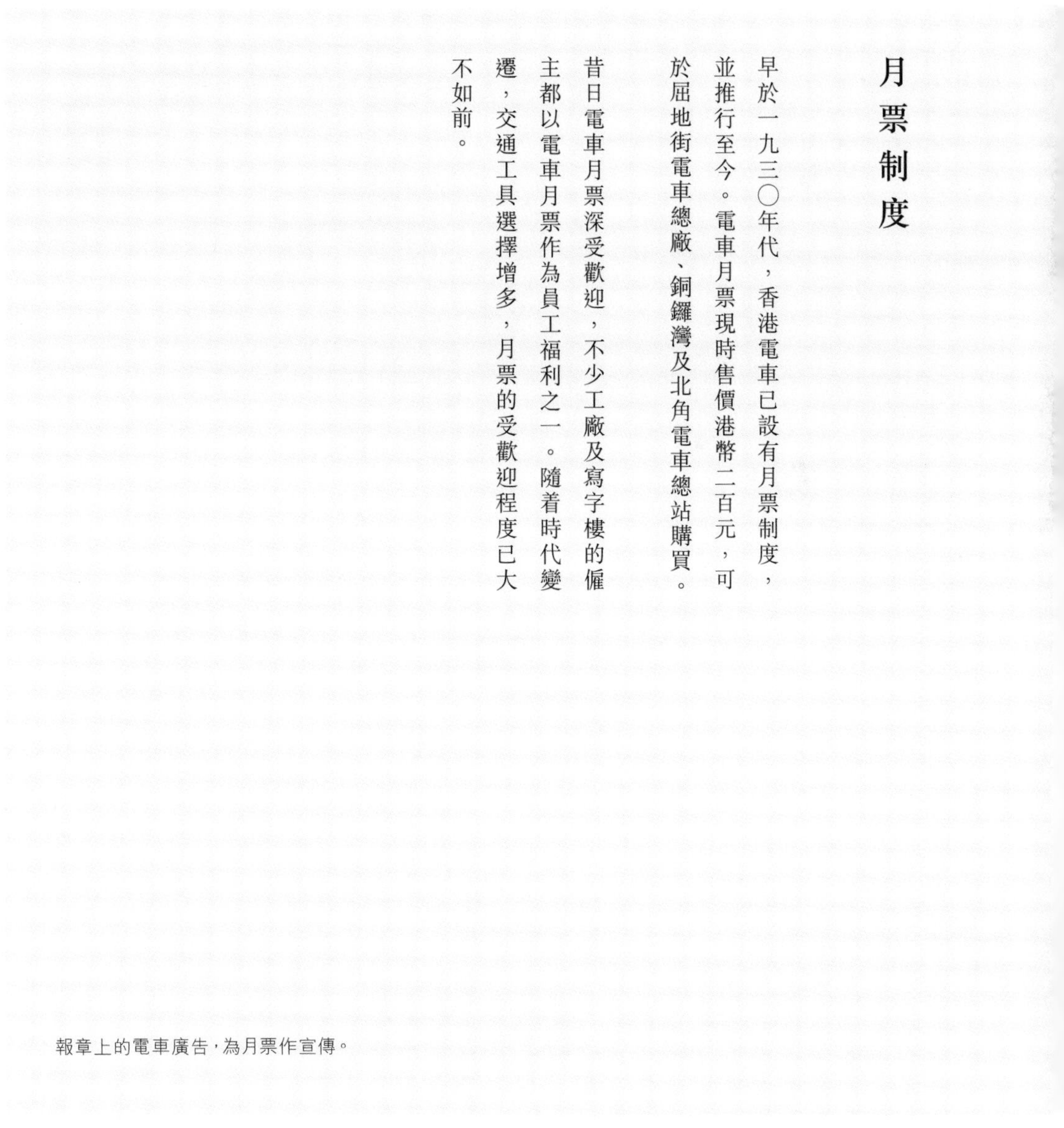

報章上的電車廣告，為月票作宣傳。

戰前仍然繁華的德輔道中。

1940s

日佔時期的電車

日軍佔領時期

一九四一年十二月，日軍侵港令電車服務一度暫停。在日佔時期，日軍將電車公司更名為「總督部電車事務所」。由於炮火的摧毀，大部分電車路段於當時已被嚴重破壞，電車無法通往筲箕灣，只能維持由銅鑼灣至上環街市一段的服務。在一九四二年七月，日軍為便於運送物資，開辦了四條路線，包括：堅尼地城至跑馬地、堅尼地城至筲箕灣（途經跑馬地）、堅尼地城至筲箕灣、屈地街至銅鑼灣。但在燃油嚴重短缺下，電車服務於一九四四年十一月全線停止。

日本政府發行的明信片，圖中可見第四代電車。

香港電車通りと二階付電車
安樂園
廣東憲兵隊檢閲濟
昭和十四年七月三日 (4)

1

日軍投降後

一九四五年八月，日軍投降，戰爭宣告結束，而一百〇九輛電車亦被檢查出有不同程度的損壞。礙於當時物資仍然缺乏，令到電車未能全數修理，故當時只有十五輛電車能夠繼續維持服務。到同年十月，可提供服務的電車數目才增加至四十輛。至一九四六年八月，可在市面上行走的電車數目已回升至每日六十三輛。至此，電車服務大致回復正常。

1　1940 年代，位於堅尼地城的電車站，當時大部分車站仍沒有上蓋。
2　1940 年代，電車駛經第二代中環中央街市。

2

1940 年代的金鐘皇后大道東「樽頸」地帶，車路彎位呈九十度彎曲，使車輛意外頻生，故坊間又稱之為「死亡彎角」。該路段於 1960 年代拉直。

1947

1950s

戰後復原期

鳥瞰銅鑼灣，左邊為軒尼斯道及東角道，
右邊是渣甸街。

第五代電車

一九四九年八月，整個電車系統的雙線軌道鋪設完成，令電車班次變得更頻密。與此同時，第五代電車出現，並於一九四九年十月十九日投入服務。120號電車是第一架建造的第五代電車樣辦。

1

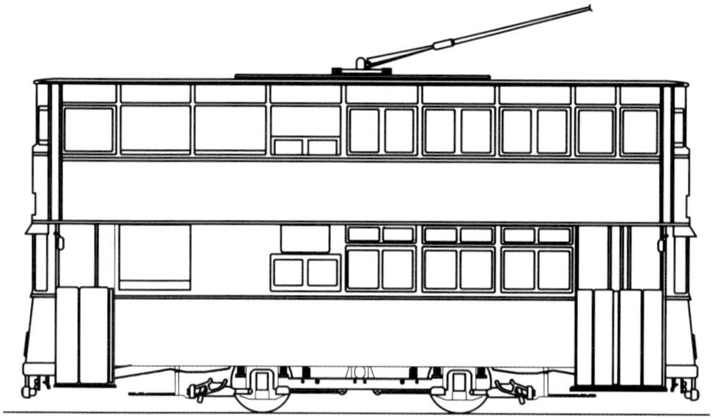

2

3

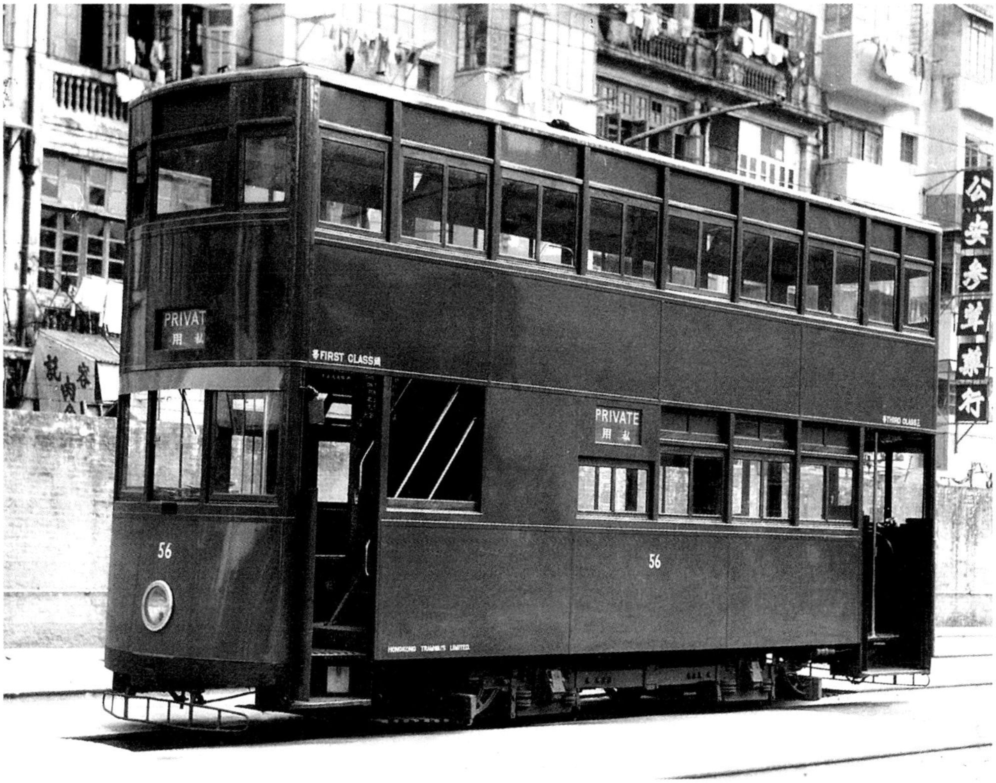

1 第五代電車工程圖。
2 電車 120 號在銅鑼灣禮頓道與銅鑼灣交界。
3 在測試中的新建成電車。

1

3

2

4

1 早年的電車都在英國製造，到了第五代電車全改由本地製造。圖為在太古船廠建造中的電車。
2-3 第五代電車下層的三等車廂。
4 第五代電車上層的頭等車廂。

羅素街事件

羅素街事件，亦稱羅素街血案，是香港於殖民地時期一次著名的警民衝突，地點是銅鑼灣羅素街的香港電車銅鑼灣電車廠內（時代廣場現址）。事發於一九五〇年一月三十日晚，電車工人與資方發生流血衝突。香港警察由外籍警官指揮，攻進電車廠，見人就打，施放催淚彈，數十名香港電車職員受重傷。當時的香港總督為葛量洪。

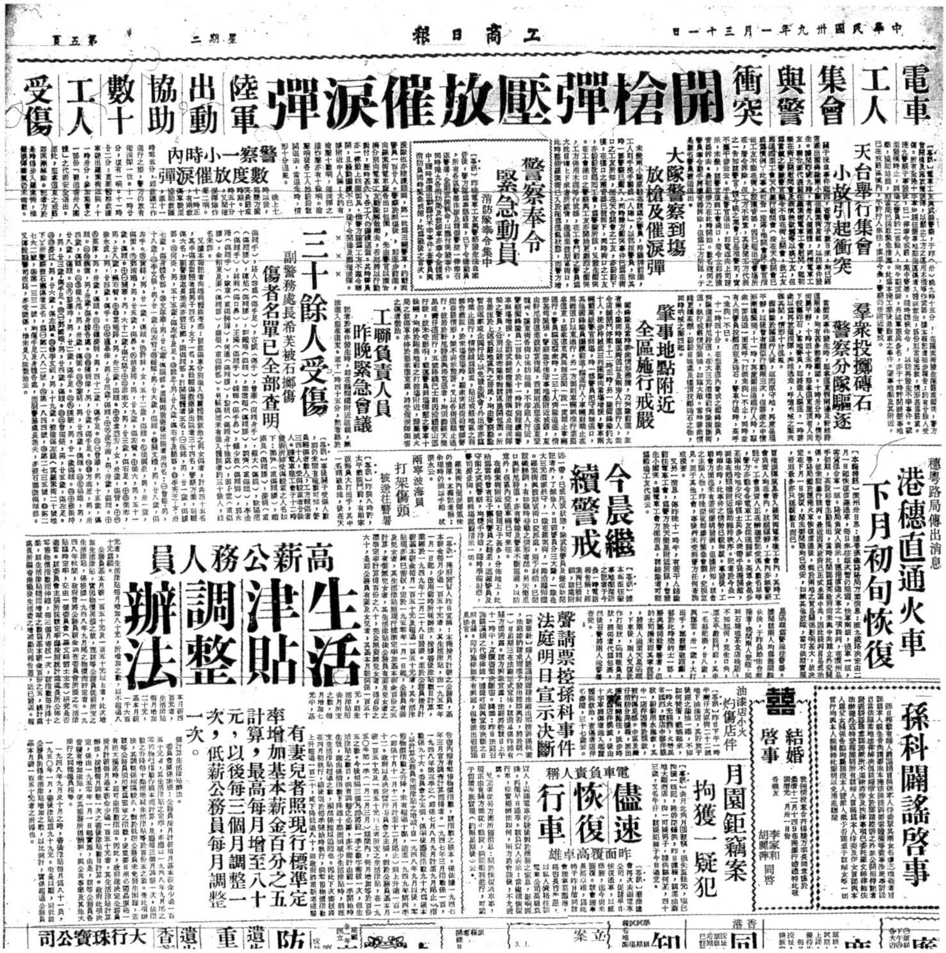
中華民國卅九年一月三十一日 工商日報 星期二 第五頁

電車工人集會與警衝突

開槍彈壓放催淚彈

陸軍出動協助 數十工人受傷

天台舉行集會 小故引起衝突

羣衆投擲磚石 警察分隊驅逐

大隊警察到場 放槍及催淚彈

肇事地點附近 全區施行戒嚴

警察奉令緊急動員 消防隊奉令集中

警察一小時內 數度放催淚彈

三十餘人受傷 副警務處長希夫被石擲傷 傷者名單已全部查明

工聯負責人員 昨晚緊急會議

兩寧波海員 打架傷頭 被送往醫署

穗粵路局傳出消息 港穗直通火車 下月初旬恢復

今晨繼續警戒

高薪公務人員 生活津貼 調整辦法

有妻兒者照現行標準定率增加基本薪金百分之五計算，最高每月增至八十元，以後每三個月調整一次，低薪公務員每月調整一次。

聲請票控孫科事件 法庭明日宣示決斷

電車負責人稱 儘速恢復行車

油漆店小火 灼傷店伴

月園鉅竊案 拘獲一疑犯

囍 結婚啓事

孫科闢謠啓事

電車工潮報道，《工商日報》，1950 年 1 月 31 日。

北角電車總站啟用

一九五三年十二月二十一日，北角電車總站正式啟用，取代了銅鑼灣電車總站，並開設了來往北角至屈地街及堅尼地城的新線，增加班次以紓緩筲箕灣線的擠逼。後來因乘客需求增加及方便調配車輛，電車公司於一九六七年三月二十日重開銅鑼灣總站。

銅鑼灣電車廠

位於銅鑼灣羅素街的電車廠（時代廣場現址）用了三年時間進行擴建工程，於一九五四年完成，並更名為霎東街電車廠。同時，電車公司關閉了自一九三二年就開始運作的北角車廠（即現時健威花園），以便統一及集中維修工程。

2

糖水道電車總站啓用

上圖爲今起啓用的北角糖水道新總電車路站全貌，下圖爲今起停止使用的銅鑼灣電車終點站。從今天起，原以銅鑼灣爲終站的電車，都改開北角新總站。北角至上環街市線今起撤銷，另增設一條屈地街至北角的新行車路線。行車時間爲每兩分鐘對開一次。由北角開屈地街，頭班車開早上五時五十一分，尾班車晚上十一時四十一分；由屈地街開北角頭班車早上六時廿八分，尾班車半夜十二時十分。

1

1 北角總站的站長室。

2 北角總站於 1953 年 12 月 21 日啟用的報道。

電車車身廣告再現

早期的電車車身廣告只有文字，而廣告商戶主要是中藥商及日本商號。最初的廣告展示方法只是電車上層掛着寫有廣告標語的橫額，其後廣告增多，廣告的形式才演變為在車頭裝上小型廣告牌。二戰前後的一段時間，電車廣告一度沉寂。直至一九五九年，香港經濟慢慢復甦，電車廣告再度出現。及後至一九六一年，首個全彩色廣告誕生了。

1 1920 年代車身廣告是以橫額方式出現。
2 電車車頭有廣告展示。
3 1980 年代，一個電車車身同時有四個廣告。

1

2

3

2

1

3

1 2000 年前後香港經濟不景，電車車身變回分拆多個廣告區域，添了幾分復古色彩。
2 1990 年代的電車，該車身的廣告曾奪得最奪目電車廣告大獎。
3 1990 年代中期，很多未完成車身廣告的電車已急急出來為乘客服務。
4 1990 年代，經典的香煙廣告現已不復見。

4

1

1 相機廣告多巧妙地以車頭燈作鏡頭位置。
2 2004 年，「香港電車百周年紀念」特別版郵票於電車上公開發售。
3 1998 年天星小輪一百周年廣告。

2

“香港電車百周年紀念”特別郵票
“Centenary of Hong Kong Trams” Special Stamps
27-5-2004
HONG KONG 香港
Get on, buy stamps!
發行日期
Issue Date:
27•5•2004
146

65
得有道理
65

3

1
NORTHWEST
ORIENT
ONE stop to Chicago.
Fastest way.

1960s

單層拖卡電車的出現

中環皇后像廣場附近。
電車左上角的黃黑斜間標誌是用作識別是否後有拖卡。

單層拖卡電車應運而生

一九六〇年代，因有大量移民湧入，人口急劇上升，電車公司為了應付突然急速增加的乘客量，遂引入了十輛單層拖卡，這批拖卡是設於雙層電車的後面，作頭等車廂之用。這些拖卡可載三十六人。由於拖卡既可提升載客量，又不會增加路面交通的負荷，於是電車公司其後再度引入這種拖卡，令其數目增至二十二輛。

1

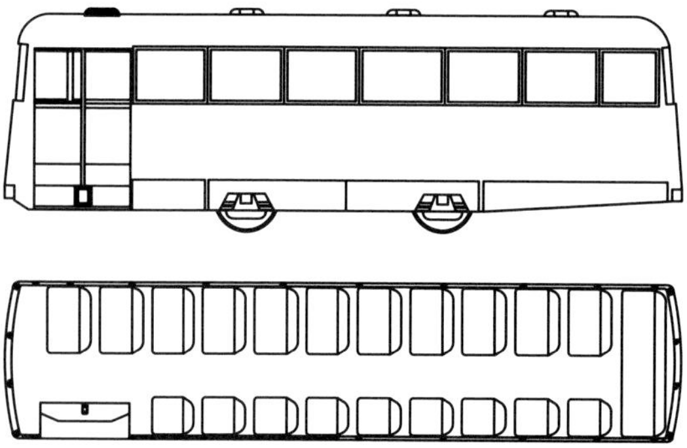

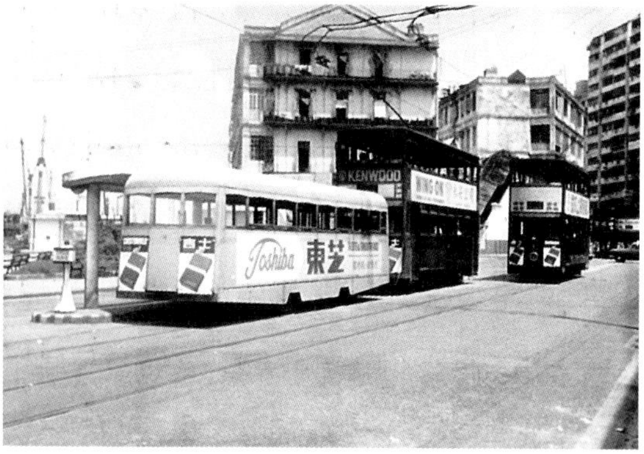

2

3

4

5

1 單層拖卡由 Metal Sections Ltd. 建造。
2 石塘咀電車總站。
3 拖卡內部。拖卡劃分為頭等。
4-5 1960 年代，電車車身及拖卡上都有不同的廣告。

如何分辨有拖卡的電車

若電車後有拖卡，其車頭的右上角，會有黃黑斜線的標誌，令人一望就知道這是後面跟有拖卡的電車。

單層拖卡電車的消失

當時的拖卡服務範圍只限於堅尼地城至北角這條路線，這種服務並不能通過斜度較高的太古城坡段往筲箕灣。無可否認的是，拖卡增加了電車的牽引負荷，使運行車速減慢。若然行走得太久，拖卡更會發出較大的噪音，令乘客覺得付出頭等車資，卻未能享受到頭等的服務。其後，電車公司曾嘗試以較輕的物料自行建造了一輛拖卡作試驗，可惜噪音情況未有顯著改善，而且乘客對電車的需求量又逐漸下降，故到了一九八二年五月，這些拖卡便全面退役。

電車 110 在菲林明道及灣仔道交界，由右上角的標誌可得知後有拖卡。

轟動的電車意外

一九六四年四月十二日，一輛編號為136往東行的電車駛經金鐘道的九十度「死亡彎角」出軌，與西行的68號電車相撞後翻側，造成一名乘客死亡、五十八人受傷的嚴重意外。

工商日報

現場一片混亂
翻車原因尚未明
重傷者被拯出後躺臥路旁待救
脫險乘客謂當時行車速度甚高

頭等客受傷較多
死者是被撞電車乘客

傷者名單

1964年4月12日的電車意外報道，《工商日報》。

闢電車路到柴灣

據報道，政府當局為完成發展東區計劃，已決定拆卸筲箕灣區內木屋，將該區居民分期徙置，其中一部分已指定徙置往柴灣新填地大廈。待筲箕灣山邊木、石屋拆遷後，當局將開闢馬路，連接柴灣，並打算鋪設電車路軌，提供電車服務，以便利居民。

傳筲箕灣山邊台木屋拆後
闢電車路到柴灣
柴灣徙置大廈月底又有四幢落成
將繼續安置筲箕灣各村木屋居民

《工商日報》，1961年7月24日。

電車駛經金鐘軍器廠街。

1970s

1980s

電車改革期

新公司的收購與改革

電車公司原是一家獨立上市的公司，不過，在一九七四年被天星小輪的母公司——九龍倉和會德豐集團收購。時至一九七六年，電車引入收費錢箱。錢箱放於車頭司機位旁，不設找贖，乘客須自備輔幣，在下車前投入車資。而車尾上車的地方，則加裝旋轉門柵。車箱方面，電車取消了直梯往上層的設計，改為在車頭及車尾均設置螺旋梯供乘客往上層。隨後，大部分售票員都被邀請接受培訓，轉職成為車長。其實，以上的措施說明了一點：電車公司透過上述的改變，正式取消了「車廂」等級及售票制度。

一九七八年電車幾乎難逃被「叮走」的命運，港府計劃以三十二億港元收購電車公司，原則上同意以現代化的輕便鐵路取替電車服務，以及中環一段電車路軌改在地底行走的建議，但首先必須證明工程切實可行，計劃才能進行。

1　第一代電車收費錢箱。
2　1970 年代售票制度被淘汰。

1

2

消失的新界西北電車系統

一九八〇年代，政府為配合發展屯門、元朗等新市鎮，遂邀請電車公司建造及營運新界西北電車。電車公司最初表示有興趣參與該計劃，並建議以全新的現代化雙層電車行走。不過，電車公司後來卻因投資過大，難以負擔而推卻此邀請。及後政府又邀請當時剛成立的九廣鐵路公司建造鐵路系統，最後，這項計劃修改為由當時的九廣鐵路公司於一九八五年七月動工興建輕便鐵路系統，並在一九八八年九月十八日正式通車。

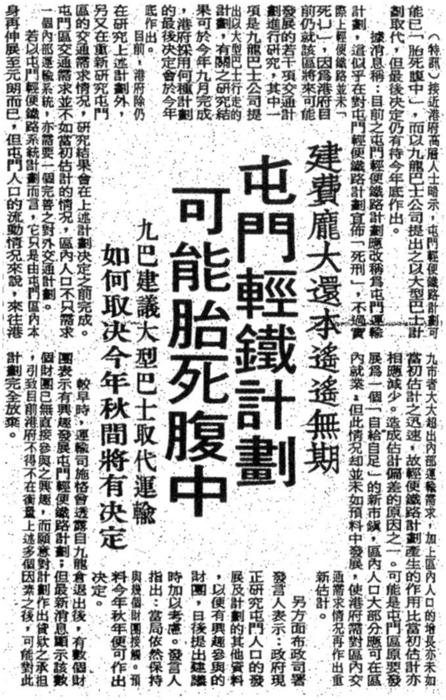

屯門輕鐵計劃可能胎死腹中

建費龐大還本遙遙無期

九巴建議大型巴士取代運輸如何取決今年秋間將有決定

（特訊）據近港府高層人士暗示，屯門輕便鐵路計劃可能已「胎死腹中」，而以九龍巴士公司提出之以大型巴士計劃取代，但最後決定仍有待今年底作出。

據消息稱：目前之屯門輕便鐵路計劃應改稱為屯門運輸計劃，這似乎在對屯門輕便鐵路計劃宣佈「死刑」，不過實際上輕便鐵路並未「死亡」，因為港府目前仍就該區將來可能發展的若干項交通計劃進行研究，其中一項是九龍巴士公司提出以大型巴士行走的計劃，有關之研究結果可於今年九月完成，港府採用何種計劃的最後決定會於今年底作出。

目前，港府除仍在研究上述計劃外，另又在重新研究屯門區的交通需求情況，研究結果會在上述計劃決定之前完成。屯門區交通需求並不如當初估計的情況，區內人口不只需求一個內部運輸系統，亦需要一個完善之對外交通計劃。

若以屯門輕便鐵路系統計劃而言，它只是由屯門區內本身再伸展至元朗而已，但屯門人口的流動情況來說，來往港九市者大大超出內部運輸需求，加上區內人口的增長亦未如當初估計之迅速，故輕便鐵路計劃產生的作用比當初估計亦相應減少。造成估計偏差的原因之一，可能是屯門區原要發展為一個「自給自足」的新市鎮，區內人口大部分應可在區內就業，但此情況卻並未如預料中發展，使港府需對區內交通需求情況再作出重新估計。

另方面布政司署發言人表示：政府現正研究屯門人口的發展及計劃的其他資料，以便有興趣參與的財團，日後提出建議時加以考慮。發言人指出：當局依然保持與幾個財團接觸。預料今年秋年便可作出決定。

較早時，運輸司施恪曾透露自九龍倉退出後，有數個財團表示有興趣發展屯門輕便鐵路計劃；但最新消息顯示該數個財團已無直接參與之興趣，而願意對計劃作出貸款之承擔，引致目前港府不得不在衡量上述多個因素之後，可能對此計劃完全放棄。

1

1　電車公司於 1980 年代曾投標新界西北鐵路。
2　輕鐵於 1988 年通車，當時由九廣鐵路營運。
3　計劃以現代化雙層電車行走。

2

3

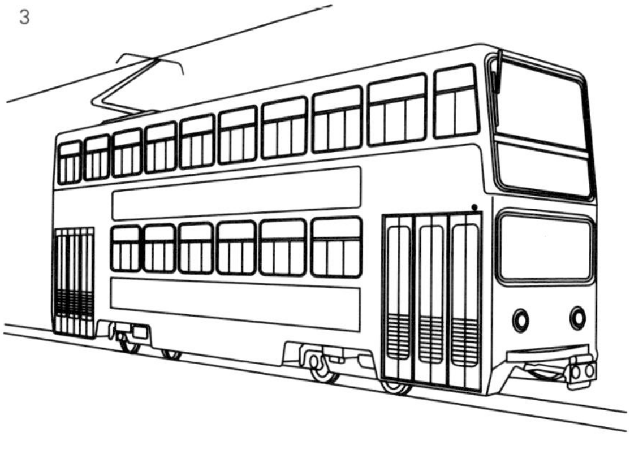

第二次電車翻側意外

一九八三年十月五日，一輛滿載混凝土的貨車於筲箕灣道愛秩序灣附近失控，車側撞向同線編號為113的電車。由於衝力猛烈，兩車同時翻側，意外造成二十九人受傷，而因清理現場需時，肇事路段封閉了長達六小時，以致東區交通癱瘓。

1

第二次「殺車危機」及化解

在一九八〇年代，有另一件大事發生，就是地鐵的出現。當時城市正在急速發展，港島北岸主要的交通幹道經常處於非常擠塞的狀態，而電車的軌道亦經常被其他車輛佔用，嚴重影響到電車的服務。加上當時有兩項工程正進行得如火如荼：一是東區走廊；二是地鐵公司（即現在的港鐵）於一九八三年發展港島線。這引起了大眾的關注，電車會否被取締呢？

一九八四年，電車公司為此進行大型調查，以決定電車的未來去向。調查結果顯示，市民大多傾向保留電車。這才令電車服務不致於被地鐵全面取代。據聞這個決定亦令堅尼地城至上環段的地鐵工程暫時擱置了。

1 1980 年代，圖中已看到即將興建完成的港鐵港島線。
2 在 1950 到 1960 年代開始，電車軌道經常被其他車輛佔用，令電車載客效率降低。

2

電車大規模翻新工程

一九八六年，電車公司為車隊進行大規模翻新及重建工程。首輛第六代電車**143**號於一九八六年二月誕生。而整項工程則到一九九一年十一月才正式完成。

香港電車系統和技術雖然已有百年歷史，但多年來電車公司卻沒有投放過資金改善系統，以致電車於一九九〇年代初接二連三發生多宗出軌、火警及相撞的大型事故。因此，電車公司開始關注系統的保養及改善工作，在一九九六年至一九九七年間有了較顯著的轉變。

是次改善工程包括把車廂內所有電線由**PVC Cable**改為**LSF**無煙、無毒、無鹵的電線，即使不幸失火也不會產生毒氣；在登車及下車處的地板採用新的物料，由原來的木板改為金屬地板。照明系統方面，將原本的鎢絲燈改為節能光管。原於下層車尾的電阻箱改放於車頂前端；上層木製籐椅改為硬塑膠座椅；加寬上落梯級闊度。從澳洲購入新的避震系統，以令行車更穩定。而安裝於車底的「隔音裙」，則能夠有效減低噪音。其後更換駕駛室的司機控制台，由英國已停產的古舊控制器改用由西門子出品的控制器，能以直流開關電阻調速。

1　第六代電車工程圖。
2　第六代電車於1986年誕生。

1

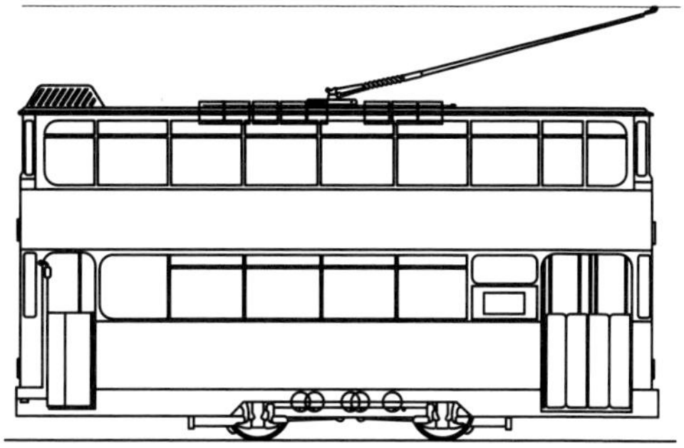

2

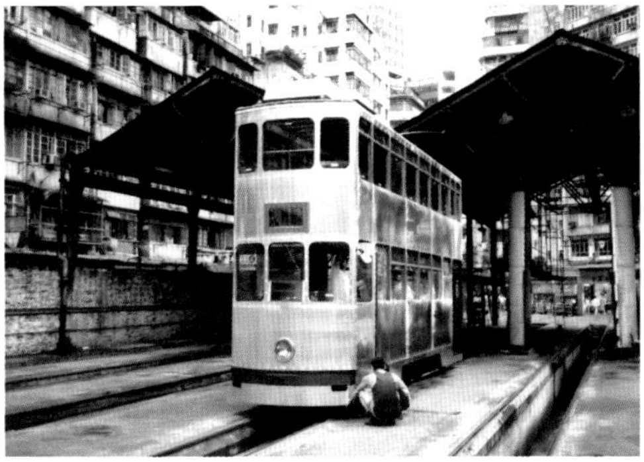

一九九〇年代電車意外着火

一輛東行往筲箕灣的電車在英皇道水務署大樓外，因變速器過熱，手柄冒煙起火，司機未有煞停電車，棄乘客不顧，跳車逃生，怎料被一輛西行往跑馬地的電車撞倒，翌日不治。而肇事東行的電車，則在無人駕駛的情況下繼續行駛。後來由西行線的涉事司機當機立斷，下車追趕，跳上肇事電車將之煞停，拯救了車上的乘客。

電車着火司機跳車被撞重傷

一本報專訊一繼前日銅鑼灣富斯富街發生電車入軌，導致兩輛電車迎頭相撞造成十六人受傷的意外後，北角英皇道昨晚又發生電車意外。一名電車司機昨晚駕車途至健康東街時，懷疑變速器短路着火冒煙，司機跳車逃生時，遭被一輛迎面而來的電車撞個正着受重傷，而肇事電車在無人駕駛下一路滑行，大批乘客在車上驚叫，幸而他們稍後被一名英明果斷的司機跳上車救回，車上全部乘客無恙。

有乘客事後指責某電車司機的不是，認爲有人只顧自己的安全，而忽略了車上乘客的安全，是不負責的行爲。而有乘客亦對於該名見義勇爲，奔跑了近百米，跳上電車並將車剎停，令全車乘客無恙的司機之行爲表示極度讚賞，有乘客質疑事件是否有人爲的責任，並希望電車公司徹查今次事件。

意外發生後，來往北角及鰂魚涌之間的電車服務完全癱瘓。四分鐘後，電車公司發出服務延誤警告，並要求中巴及地下鐵路協助疏導該區受影響的市民。而有關人員經一小時搶修，電車服務於深夜十一時全綫回復正常，意外成因則有待進一步調查。

現場消息說，肇事電車編號一零七，事發時正朝筲箕灣方向行駛。晚上十時廿六分，三十八歲司機史×東駕車途至北角健康東街時，發現變速器的手柄突然着火冒煙，初步懷疑有人來有即時將車剎停，而將司機位旁的右邊車門開啓，並躍身躍下車企圖走避，詎料此時適有一輛往跑馬地的電車迎面駛至，五十一歲司機黃×成收掣不及，將史撞個正着，他當場重傷，倒地昏迷。

肇事電車司機涉嫌跳車被撞後，有乘客發覺電車在無人駕駛下仍然繼續前行，不禁高聲呼叫。涉嫌撞傷同事的黃×成聽聞叫喊之聲，已來不及細想，他同樣躍出車外，但追的是該輛無人駕駛的電車。幸而，黃追了近百米，至英皇道六五三號東祥工業大廈門外始跳上車，並將之剎停，乘客此時才如釋重負。

不久，警方及救護車聞訊趕至，黃×成由於急追電車一段路，報稱不適，與同事史×東一起被送往東區醫院，迄至今晨，史的情況惡劣，而黃的情況則普通。

古典電車

在車隊翻新工程期間，電車公司除了刻意保留一輛第五代「戰後型」，編號 120 的電車外，更製造了兩輛復古電車，分別為編號 28 號 Albert 及 128 號 Victoria，供公眾、遊客租賃作私人派對或宣傳用途。古典電車的上層為半開篷式設計，設有沙發；晚上行駛時，車上的小燈泡亮起，繽紛耀眼。

1　建造中的古典電車 128 號。
2　古典電車可供私人或公司租用，廣受歡迎。

1

2

龍門大酒
永安珠寶金行
WING ON JEWELRY LTD.
恒生銀行
中南銀
Est.
TOUR TRAM
HONGKONG TRAMWAYS LIMITED
28
28

2

1

4

3

1-4　紅色 128 號古典電車及車廂內部。
5-8　綠色 28 號古典電車及車廂內部。

6

5

7

8

路線小改動

電車路，大部分都沿用了自通車以來的路線，是港島市區的重要標誌之一。這些路線一般都是沿着當年新填的海岸線鋪設的。不過經過百年來的不斷填海，現時幾乎全部電車路已遠離海旁。因此，電車路亦成為港島填海歷史的最佳見證之一。後來為配合城市發展，電車路線也進行了一些改道工程，如一九一三年建成的跑馬地線原來以寶靈頓道為起點，現在則由波斯富街駛入跑馬地；電車沿英皇道駛經太古船塢（現為太古城中心），此路段於一九八七年停用，改經新開發的康山道往筲箕灣。

1　昔日電車經太古城道往筲箕灣。
2　電車於 1987 年改為駛經太古康山往筲箕灣。

1

2

車廠「大執位」

由於銅鑼灣的發展，母公司九龍倉決定在一九八九三月二十日關閉及拆卸位於霎東街的車廠，興建位於現址的時代廣場。同時，電車公司亦決定興建兩所新廠房，以替代原有的車廠。兩所廠房分別位於西環屈地街（又稱「西廠」）及西灣河（又稱「東廠」）。兩所廠房分別於一九八九年五月二十七日及四月二十八日正式啟用。屈地街的「西廠」主要用途是作為行政辦公室及車隊主要廠房；西灣河的「東廠」則作進行簡單維修及停泊之用。這兩所廠房一直沿用至今。

1

2

3

1 由霎東街開出的最後一班電車。
2-3 霎東街車廠四周是市場，很難想像30 年後變成購物區。

雲東街車廠

1

3

2

1　霎東街車廠全景。
2　車廠大樓。
3　車輛檢查處。
4　大樓內設有劇院。
5　停泊處。
6　維修間。

5

4

6

屈地街車廠

1

2

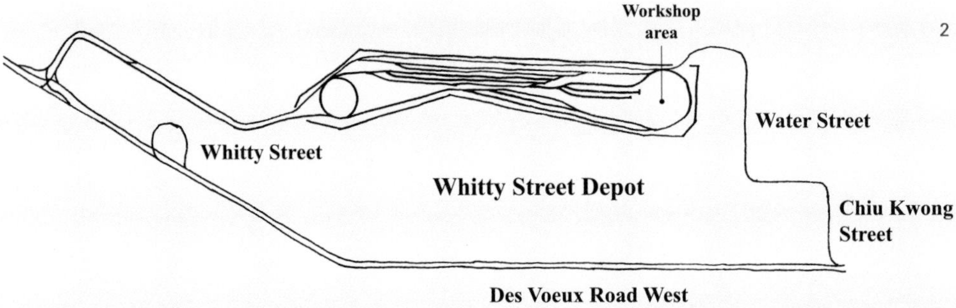
Workshop
area
Water Street
Whitty Street
Whitty Street Depot
Chiu Kwong
Street
Des Voeux Road West

3

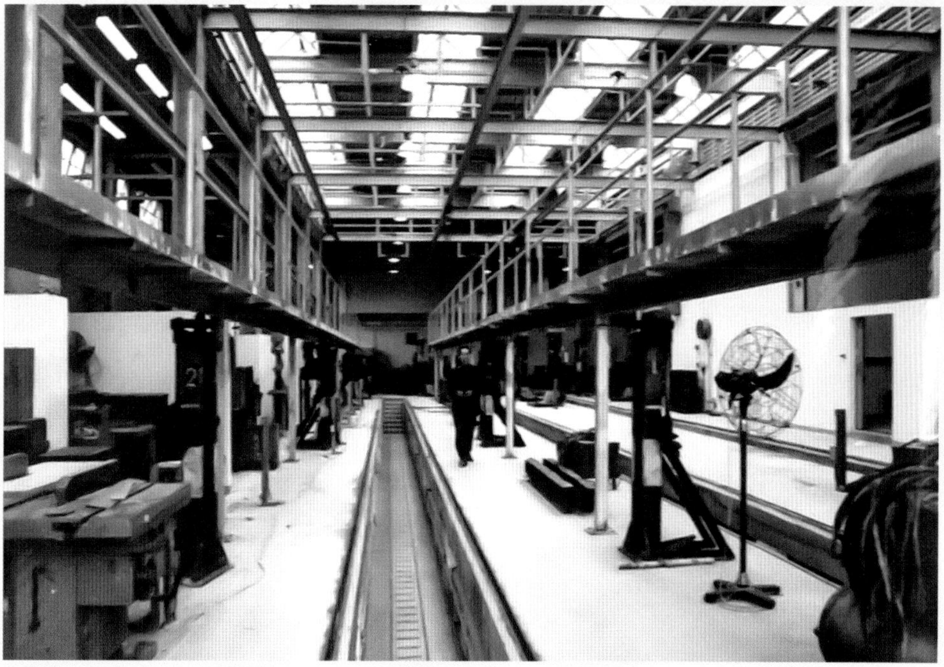

4

1 車輛停泊區，可同時停泊超過 100 部電車。
2 西廠軌道配置圖。
3 車輛維修間。
4 1989 年 5 月 27 日佔地近 12 萬平方呎的全新屈地街電車廠開幕儀式。

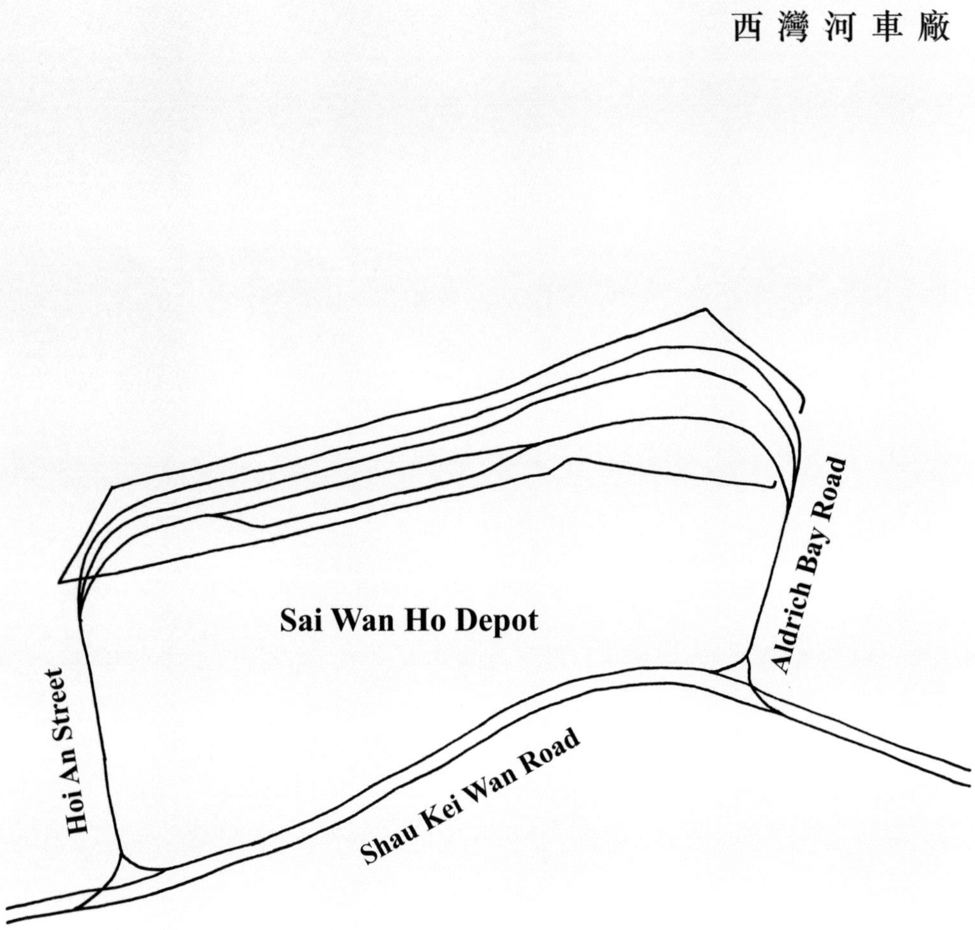

1

1 「東廠」軌道配置圖。

2 西灣河車廠開幕儀式。佔地約 8 萬平方呎的西灣河車廠可停泊約 70 部電車。

2

1990s

沿海支線計劃東之高閣

電車駛經北角新光戲院。

新光
華僑
123
tropole
Canadian Airlines International
SHAUKEIWAN

一九九〇年，政府落實中環及灣仔的填海計劃。與此同時，電車公司正構思興建新支線。構思中的新支線由上環西港城駛經中環，後至灣仔北填海區。由於初期的電車路線幾乎都是沿着港島的海岸線而建，後來卻因連番的填海工程令此情此景不再。電車公司有此構思的其中一個原因，是想重現往日電車沿海旁行駛的情景。據了解，當時政府已預留了鋪設電車軌道的位置予電車公司。

時至二〇〇三年，這項填海工程在社會上出現爭議，加上在環境保護團體的壓力下，填海面積縮減，且附近道路網及預留鋪設路軌的位置已被發展，故最後未能鋪設電車軌道。這個興建新支線的計劃亦隨着被束之高閣。

1

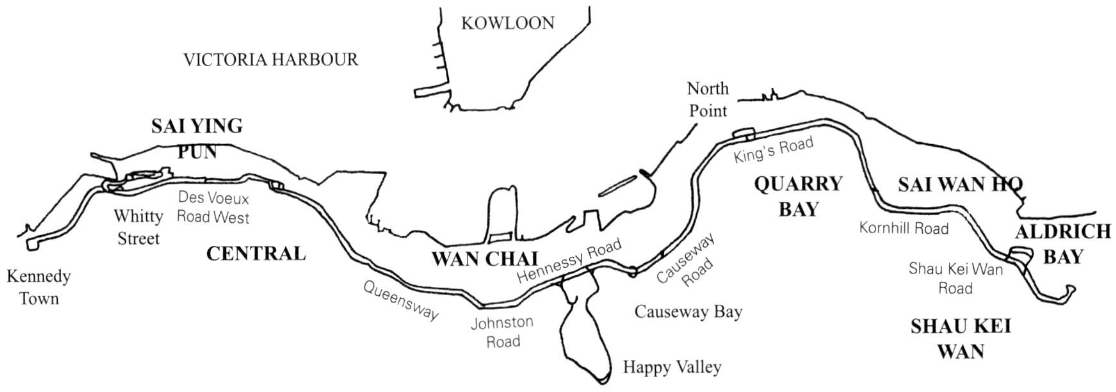

Hongkong Tramways Limited System Map

2

1 1990 年代，電車路線圖。
2 1990 年代的電車 120 號，電箱仍未置頂。

昔日上環街市的撬軌員更亭，撬軌員的職責是在分叉路拉掣換軌。

撬軌員

電車有別於一般車輛，當遇有彎位時，電車是需要「特別的職員」助其轉彎。就好像位於銅鑼灣軒尼斯道及波斯富街的交界位，就有一個夾口（即電車路線的分叉路），當電車要到筲箕灣時，直駛即可，但若然電車要到跑馬地，就要轉入波斯富街。以前在這些繁忙的「分叉路」上，電車公司會安排專門負責幫助電車轉彎的「撬軌員」，他們的職責是拉掣換軌，令到電車可以隨着軌道轉彎。不過，這個職位在一九九〇年代就消失了。

一九八七年電車公司使用了半自動的轉軌系統，雖然系統十分簡單，但卻引起很多人為的出軌意外。一九九七年至一九九八年，電車票價加了兩次後，電車公司更換了全自動轉軌系統，司機只需預先把目的地站輸入電腦，電車便會與轉軌的感應器互相感應，達至全自動轉軌，有效地減少因轉軌失誤而出軌的意外，十分安全。

紅燈飯

除了「撬軌員」外，「紅燈飯」在踏入一九九〇年代後亦消失了。所謂的「紅燈飯」，是因為以前電車公司並沒有為車長安排用膳時間，令到車長只可以在短暫的停站時間及等紅燈的時間急速進餐，所以就被稱為「紅燈飯」。久而久之，許多工友因而罹患胃病。到一九九〇年代時，車長已經有膳食時間的安排，故「紅燈飯」的情景就消失了。

父親任職電車司機的電車迷 Peter Lo 憶述：「小時候給爸爸送飯，預定某時間在電車站等他（通常都等很久），在車頭把飯盒交給他後，有時我會離去，有時會坐在司機後面的乘客位，看着爸爸一邊開車一邊吃飯，每次停站都只能夠吃一兩口，通常電車開了整程後，才可以把飯吃完（車程一小時左右），然後我再拿着飯盒筷子回家。爸爸那種辛苦的吃飯情況至今仍然令我難忘。」

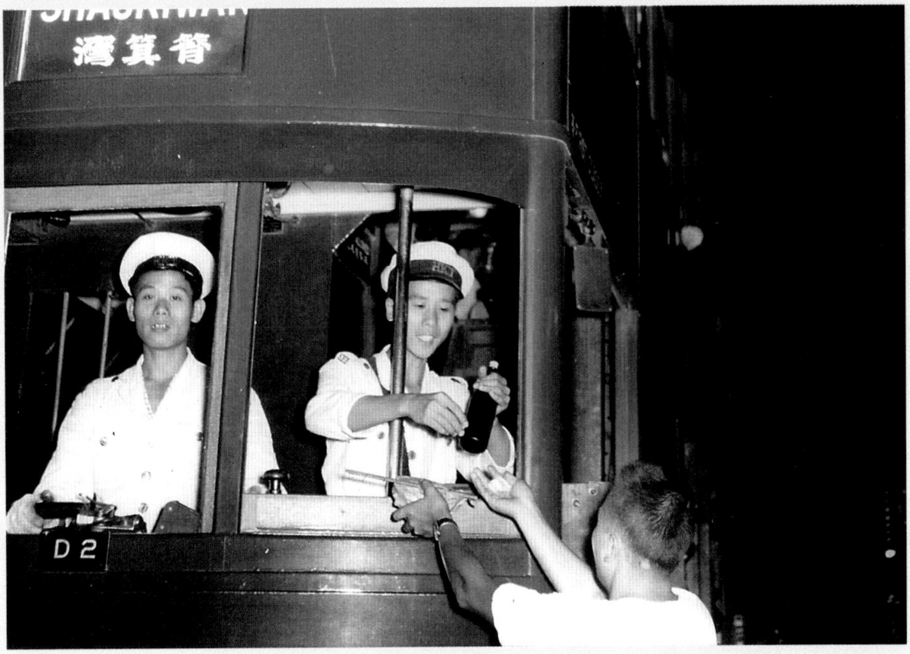

職員家屬及工友在車站送飯，場面溫馨。

29
29
HONG KONG
1904
TRAMWAYS
Kennedy Town
堅尼地城
K42
473A

2000s

present

踏入千禧後的電車

千禧電車

踏入千禧年，電車出現了新型號。在千禧年出現的千禧電車車身改用鋁合金製，而鋁合金的優點是強度及持久性較高，令車身結構更加堅固。原本計劃陸續推出最少五十輛「千禧電車」，以替換舊電車，更已準備推出空調電車，但是由於市民對於「千禧電車」的設計並不太受落，而且電車公司亦沒有再研發及改良這個款式，結果只製造了四輛，而推出的則只有三輛，編號為168、169、170，而第四輛171號則為空調電車，只是從未投入過服務。

1

2

新天星碼頭環迴通會展

電車倡建中環觀光綫

我有話說

20年內不會淘汰

每月電費80多萬

無懼地鐵西綫挑戰

每日客量24萬人

1. 千禧電車由始至終只製造了四輛，其中一輛171號更設有空調，但卻沒有投入服務。
2. 電車公司再度倡建電車支線。
3. 2000年，千禧電車於10月起投入服務，分別為168、169和170號。為測試千禧電車性能，電車公司更推出一連三天免費載客的試行活動，以收集市民的意見。
4. 千禧電車上層車廂。
5. 千禧電車下層車廂。

3

4

5

香港電車百周年

二〇〇四年，電車正式踏入第一百個年頭。電車公司為慶祝成立一百周年，特地舉行一連串紀念活動，主題標誌是一個以漢字「百」字構成的電車圖案，並同時推出電車布公仔紀念匙扣。同一時間，香港郵政局亦發行了一套紀念郵票及明信片，見證着香港電車百年來的演變。

1 香港電車百周年紀念，車身作了與主題配合的設計。
2 香港電車百周年紀念郵票。
3 2009 至 2010 年，法國威立雅分兩階段完成對香港電車的收購。

1

2

經營權易手

威立雅交通中國（Veolia Transport China Limited，簡稱：「VTCL」）分兩個階段完成收購香港電車公司。二〇〇九年四月，該公司購入香港電車公司的五成股權，後於二〇一〇年四月，全資擁有電車公司。由於威立雅運輸集團是歐洲最大的交通運輸業者，在世界各地均擁有不同的道路及鐵路業務經營，管理層對交通運輸方面的知識及業務營運方法具一定的能力和豐富經驗，故接手電車公司後，便能更靈活地推行一些切合香港電車的持續發展計劃。例如全面研製新電車以更換沿用多年的柚木電車、安裝新電車站牌及路線圖、更改行車時間表、引入新技術提升車隊控制及路軌維修等。

老香港集體回憶　一半股權售外資
百年電車　法式革命
共度時艱「叮叮」11年無加價

3

第七代電車的誕生

繼電車經營權易手後，在二〇一一年二月十七日，最新一代電車面世。這是一輛結合現代內部設計及傳統車身外貌的電車，沿用千禧電車的外殼，加上改良後的內部機件組合而成，其作用是盡量保留傳統電車的外觀之餘，同時又可以成為未來電車的藍本。此電車試行至同年十一月二十八日就正式投入服務。而此類型電車的特別之處在於，無論零件還是裝嵌，全部工序都是在香港完成，可謂一百巴仙的「香港製造」！

1

2

3

1 2011 年，推出第七代電車，由內至外都脫胎換骨。
2 第七代電車上層車廂。
3 第七代電車下層車廂
4 新科技電車誕生的報道。《文匯報》，2011 年 5 月 23 日。

4

A2 責任編輯：朱聰詩　版面設計：鍾偉業　重要新聞 TOP NEWS　2011年5月23日(星期一)　香港文匯報 WEN WEI PO

融入新科技 電車大變身

香港文匯報訊(記者 鄭佩珮)「叮叮」掀起法式革命！擁有逾百年歷史的電車，是香港街道獨有的「流動風景」，每天在港島東西行走，日均接載23萬人次乘客。自法資的威立雅運輸集團全資購入後，陸續進行改革電車服務的計劃，預計5年投放2億元為電車系統「大變身」，把傳統「叮叮」融合現代科技，提升核心業務的質素。首部「6.5代」升級版新電車已試行約2個多月，料本年內正式「服役」。還會提升路軌系統，以及為車站注入「綠色」元素，正研發把車站廣告燈轉用LED燈，在熙來攘往的行車道中凸顯電車特色。

2億提升服務質素　研注環保元素

「改良版」電車年底面世

車廂內將安裝報站系統

第6.5代　嶄新車廂採改用鋁合金製造　車廂內加入現代設計元素

研車站廣告燈改用LED

車站廣告創意比賽 主題「香港的驕傲」

港隊黃蘊瑤任「代言人」

詳情可參考：
http://www.poad.com.hk/tc/what_hot/tram2011/chi/index.html。

第1代　電車於1904年投入服務，採用單層式設計。

第2代　電車於1912年引入，為上層無蓋的雙層車卡。

第3代　電車在電車上層加上帆布蓋。

第4代　電車，上層以全密封式設計。

第5代　電車在1950年代陸續投入服務，外形與第四代電車相似。

第6代　電車於2000年面世，車身改用鋁合金材料製成。

歷代電車特色

第1代	1904年投入服務，採用單層式設計，頭等票收費1角，3等票收費5仙。
第2代	1912年引入，為上層無蓋的雙層車卡。
第3代	於第二代電車上層加上帆布蓋。
第4代	上層以全密封式設計，於1930年代開始投入服務，為現今電車外形的雛形。
第5代	1950年代投入服務，外形與第4代相似。現時市面行駛的120號電車，更由1949年服役至今。
第6代	2000年面世，車身改用鋁合金材料製成。下層座位由過往「一字排」，改為面向車頭的獨立座位。旋轉式閘門改成摺疊式閘門。
第6.5代	第6代電車試行後，乘客意見反映，依舊鍾情於「一字排」座位，遂於今年初將下層其中一排座位還原為「一字排」，另一排座位則改為面對面的獨立座位，並附設落車按鈕。

資料來源：本報資料室
製表：香港文匯報記者 鄭政達

「叮叮」服務香港107年

香港文匯報訊(記者 文森)香港人俗稱「叮叮」的電車已服務香港107年，發展成為世界上現存最大的雙層電車車隊。雖然下月7日起，電車成人票價將由現時的2元增至2.3元；小童票價由1元增至1.2元，電車仍然是香港，甚至全球收費最便宜的交通工具之一，每日平均載客量達23萬人次。

電車公司前身「香港電力牽引有限公司」於1902年成立，翌年該公司開始進行路軌鋪設工程，初期只鋪設堅尼地城至銅鑼灣的單軌路線，其後延長至筲箕灣。1904年7月30日，電車正式營運，首批電車共有26輛，分別為10輛頭等及16輛三等，頭等收費每位1角，3等收費每位5仙，車上亦設有售票員。

兩度易手 由法資擁有

隨時代變遷，電車公司配合香港人口增長，開始引入雙層電車，直至1972年，電車正式取消等級制度，劃一收費，於1976年開始引入收費錢箱，並於1982年淘汰全數售票員。現時電車公司車隊共擁有163輛雙層電車，當中包括兩輛古董觀光電車，6條主要路線連接筲箕灣、跑馬地和堅尼地城，路軌全長30公里，屬世界上現存仍提供服務的最大雙層電車車隊。

電車逾百年的發展歷史中，曾經歷兩度易手，於1974年香港九龍倉和會德豐集團收購香港電車公司，2009年4月7日，全資擁有香港電車公司的九龍倉，宣布將電車公司一半股份售予法資威立雅運輸集團，並將日常營運權交由威立雅負責。直至去年3月，九龍倉更將其餘的股份售予威立雅，目前香港電車公司已由威立雅全資擁有。

復刻第五代

二〇一二年三月電車公司為海洋公園製作了一輛仿照第五代電車初期的款式，現於香港老大街展出。

奇華餅家禮品手信
OCEAN PARK
海洋公園
201

DO NOT LEAN OUT
OF THE WINDOW
請勿攀出車外
免生危險

裝載你我，映照生活

二〇一四年七月，香港電車就踏入一百一十周年。為此，電車公司展開一系列以「裝載你我，映照生活」為主題的活動，寓意電車不但每天接載市民往返目的地，電車所盛載的，更是每個港人的生活故事。

慶祝活動由曾於電車取景的電影打響頭炮，三十輛電車車廂將化身成流動光影故事館，展出與電車有關的經典電影劇照。屈地街電車廠亦會變身成戶外電影院，免費播放以電車作拍攝場景的精選電影。另有照片及短篇故事創作比賽、出版一百一十周年紀念書籍，推出一系列精品，以及舉行電車總廠慶祝酒會活動。

1

1 香港電車公司 110 周年標誌。
2 2014 年慶祝電車公司一百一十周年，有三輛電車披上新裝「110 周年紀念號」，分別為 110、169 及 170 號。
3 電車公司 110 周年慶祝活動揭幕禮於 2014 年 2 月 18 日舉行。
4 「110 周年紀念號」車內以電影劇照作裝飾。

2

新加坡最佳私人銀行
華僑銀行
香港電車
110th ANNIVERSARY
裝載你我．映照生活
Carrying our culture and life stories
ROBECO
荷寶
POAD

4

3

香港電車
裝載你我

未來

面對挑戰 邁向新紀元

電車公司建議興建的啟德現代化電車構想圖，第一階段最快於 2018 年落成。

香港電車　應何去何從？

叮叮！香港電車服務踏入第一百一十個年頭了，除了舉辦多項慶祝活動，電車公司也將繼續進行一系列的更新工程。大家都說，電車是香港的標誌，作為香港的一份子，我們都可藉此機會思考一下關於電車的「前途」問題。曾在電視上，看到一個關於電車的報道，主持人在街頭訪問市民對電車的看法。

「我喜歡坐電車，可以慢慢欣賞風景。」

「電車是香港人的集體回憶，我們應該好好保存這個古典的特色。」

「平時很少搭電車，又慢又熱，搭巴士好了。」

「電車很受遊客歡迎，不如專注發展旅遊市場，繼續慢慢走就好了。」

「以前搭電車真的可享受清涼的海風，但現在人多車多，馬路都被大廈包圍，只有一堆污濁空氣。」

「新電車並沒有電車的特色，最好可以保留舊電車。」

「車費便宜，窮人恩物。」

現時電車主要的乘客群仍是香港本地市民，當中只有大約百分之二至三是遊客。大眾會選擇乘搭電車，大多是因為目的地較近，只是兩三個路口，但又不想步行；再加上電車車站分佈密集，能提供點對點的接駁；最後，當然是因為電車的票價最便宜。不知道從什麼時候開始，電車被公認為「活古董」，帶着落後的感覺，更被定位為一種讓人享受寧靜雅致的消閒玩意，或包裝為一個旅遊項目，載着遊客遊車河飽覽四周景色；另一方面，也有部分市民認為電車佔據了路面，阻礙了其他的交通工具。而筆者則認為電車是香港集體運輸的重要組成部分，電車更需要肩負效率高、方便、可達度高的責任，因此在任何情況下，電車地位的重要性都不應被改變。

競爭劇烈的營運環境

一九〇四年至一九五〇年間，香港電車發展迅速，外觀也由單層，發展至雙層，更曾推出拖卡以增加載客量。直到一九六〇年代，汽車及巴士服務開始普及，外國大部分城市都紛紛淘汰效率較低的電車，有些生產電車零件的工廠更關閉了，香港電車的操作營運便得靠自己維持，以致

1

2

3

1-2 電車公司曾於 2000 年研究電車系統升級，圖為兩款建議引入的新型雙層空調電車。

3 啟德現代化電車方案。

發展步伐也放慢起來。然而，當時香港電車每天的平均載客量仍達五十萬人次，是港島區陸路交通之冠。一九七〇年代，電車公司曾計劃延長路線及購買新車，但最後卻得不到當局支持，以致計劃未能實現，白白錯失發展的黃金機會。隨着一九八〇年代港鐵港島線通車，市民出行習慣也有了很大的改變。面對競爭，巴士公司並沒有怠慢，不斷加強及提升服務質素，反觀電車公司卻不是那麼積極地應對。

載客量下跌

自一九六三年電車創下有史以來最高的乘載量後（平均每天五十二萬人次），縱使香港人口不斷增加，但乘搭電車人次反而不斷下跌，令其主要收入來源減少，現時電車公司一年的盈利大概只有數百萬元，即一個二手住宅單位也買不到，可見香港電車正面對着嚴峻的挑戰。從私人企業的商業角度而言，沒有政府資助、也沒有地產項目，這門生意回報率其實很低，不知道在未來電車公司是否可以持續經營？他們應如何挽回失地呢？

香港電車的收費相對於其他交通工具來說相當低廉，是港島收費最便宜的交通工具。電車採用不分遠近、單一收費，收費可分為三種，成人收費港幣二點三元，十二歲以下的小童收費是港幣一點二元，六十五歲或以上的長者收費港幣一點一元。此外，電車公司亦有推出月票及四日旅遊票。

香港電車是古老？外地電車卻是先進！

香港市民對電車有一個既定的印象：形象傳統、外型具古典味，行走時「叮、叮、叮」地響。相比其他城市，香港的電車的確沒有太大的改變。早於一九七〇年代，世界各地都已引入新電車，讓電車以現代化的姿態重現人前，並有效地解決及舒緩了區內交通。到了今日，更有不少城市仍在興建電車系統，如鄰近的中國瀋陽、廣州、深圳及台灣高雄等城市。還有一些地方，例如日本函館、鹿兒島、澳洲墨爾本、德國法蘭克福等都淘汰了舊電車，且致力提升電車系統，提供服務的都是新電車，偶爾才保留一、兩輛古典電車，於節日或非繁忙路線行駛，讓市民可懷緬過去，這是一個作為文化保存及持續發展的成功例子。

香港電車每天平均載客量 (1963-2012)

年份	平均每天電車乘客人次
1963	523,000
1965	497,000
1970	434,000
1975	404,000
1980	410,000
1985	340,000
1990	349,000
1995	309,000
2000	235,000
2005	230,000
2010	226,000
2012	202,000

* 約數四捨五入至千位

香港電車收費 (1904-2012)

年份	成人	小童	學生	長者
1904 年 7 月 30 日	1 角（頭等） 5 仙（三等）	-	-	-
1936 年	6 仙（頭等） 3 仙（三等）	-	-	-
1946 年	2 角（頭等） 1 角（三等）	1 角	-	-
1975 年 12 月 1 日	3 角	1 角	1 角	-
1981 年 8 月 1 日	5 角	2 角	3 角	-
1983 年 7 月 1 日	6 角	2 角	3 角	-
1990 年 8 月 5 日	1 元	5 角	-	-
1994 年 2 月 6 日 *	1 元 2 角	6 角	-	6 角
1997 年 1 月 12 日	1 元 6 角	8 角	-	8 角
1998 年	2 元	1 元	-	1 元
2011 年 6 月 7 日	2 元 3 角	1 元 2 角	-	1 元
2012 年 6 月 7 日	2 元 3 角	1 元 2 角	-	1 元 1 角

*1994 年起，電車公司自願性實施長者優惠收費

可見，香港電車也是時候拋下既有的形象，作好準備迎接未來了。

電車仍有發展空間？

電車應否空調化是一直受爭議的問題，有部分市民擔心電車空調化後必定會加價，也有市民認為電車空調化後會失去原有的傳統風味，所以大力反對。可笑的是，根據全年的運載數據統計，夏天正是電車的淡季。

而近年鬧得熱哄哄的九龍啟德環保連接系統方案，政府一直建議興建單軌鐵路（monorail），而電車公司則提出於該地興建現代化電車系統（Modern Tramways），但建議卻被束之高閣。事實上，單軌鐵路已在世界各地逐漸消失，且建造成本高昂，即使有「鐵路王國」之稱的日本也沒有繼續發展這種技術，現時只有十多個城市在採用。反觀現代化電車，全球多達四百多個城市採用，單是造價就已比單軌鐵路便宜得多（按：單軌鐵路預計造價一百二十億；現代化電車預計造價二十八億），加上其配套並不如單軌鐵路般多，至少它不需要建造龐大的架空車站、安裝大量的電梯及升降機等消耗能源的設備。

過去和未來值得大家思考

普羅大眾似乎都被電車那「古老」的外貌所影響，對電車已產生了既定的概念。其實，電車既是舊時代的產物，同時亦兼顧着交通工具的角色，香港電車的前途應該有更多的可能性，再者發展到現在的第七代電車，亦希望未來可以有更多不同型號的電車於路面行走，沒有理由到了這個年代反而讓它原地踏步。於情於理，港島的電車實在是有全面提升的空間，更希望可以在香港其他區域得到進一步的發展。不過，最值得欣慰的卻是，自二〇〇九年，電車公司由九龍倉易手至法國威立雅公司管理後，更積極地投放資源發展業務，並承諾盡力保留傳統電車的特色。

未來香港電車的角色應如何發展呢？應該繼續作為車費廉價有效率的交通工具，抑或是車費高貴但可享受悠閒的旅遊項目？這實需取決於政府及大家的態度和意見，故歡迎大家一起繼續討論。

1 啟德現代化電車構想圖。
2 啟德現代化電車構想路線。

1

2

1

1　日本荒川線是東京僅存的電車路線。系統經過改造後，設計與香港輕鐵相似。

2　台灣高雄正興建電車，首階段預計於 2015 年通車，此系統將不設架空電纜，改為採用超級電容技術供電。

3　法國昂熱 (de Angers) 電車，採用第三軌供電，故車頂不需連接電纜，2011 年 6 月開始營運。

2

3

附 電車工程學

200 號工程車。

從歐洲引入的路軌修復及打磨機器。

400 號工程車。

300 號工程車。

中央車務控制系統於 2012 年中投入服務，
可追蹤路面電車的即時情況。

新型第七代電車是未來電車的藍本。

香港電車
香港人的驕傲

香港電車陪伴着我們成長，它不單是交通工具，更代表着一份堅持的精神。香港地少人多，資源缺乏，大多產品都依賴進口，例如香港使用的雙層巴士主要是由歐洲引入，港鐵也是向英國、西班牙、韓國及中國訂製列車。有一件事不說大家或許不知道，原來早於一九五〇年代，香港電車已使用「香港製造」（Made in Hong Kong），直至二〇一一年，香港引進的最新型號電車（第七代電車）亦秉承這個傳統。第七代新型號電車在西環屈地街車廠誕生，按計劃每月推出一輛，而每輛製作時間約為三至四星期。

香港製造
文化遺產的傳承

電車公司負責製造新車的團隊約有三十人，每天以流水式作業進行，大約可分為三個工序：

第一階段　製作車底及車身預製組件，如電機摩電車 17 號曾於 1990 年代試驗新的駕駛系統，而且安裝了裙腳減噪測試，可是之後並沒有採用。

打、車身牆板、地板和車頂；

第二階段　把所有組件，像砌模型般組裝起來；

第三階段　車箱裝潢，如裝設樓梯、窗門、接駁照明系統及安裝坐椅。

香港製造的電車需要進行一系列測試及認證，以符合國際對軌道車輛設計的要求，相關認證由「中國國家鐵路部車輛研究所」支持。他們用了一百八十個應力測試點，放在車身不同位置，車內則裝載了七噸，相等於一百一十個乘客的重量，再經過四十五噸的模擬外來壓力擠壓車身後放開，之後把車身四個角落定點進行扭力，全面檢查每個結構有否變型和破損。

木製車廂　維修高昂

現在行駛的電車為第六代，約於一九八六年至一九九四年間仍沿用傳統柚木及技術製造。木製車身的維護工作十分繁複，每四年便要把車身外殼拆開，檢查木質支架有否因潮濕而損壞。這些工作佔了電車公司約百分之四十二的工作時間，再加上市場上木匠師傅數目逐漸減少，如繼續堅持使用木製

已退役的木製電車，正等待拆毀。

車身，電車公司將負上沉重壓力，難以控制成本及阻礙持續發展，所以電車公司決定改以鋁合金製造新型電車，取代舊式電車。

鋁合金製的新電車車身以一點二毫米厚鋁板包裹，較傳統柚木製電車的成本低得多，而且相當堅固耐用，可以把第一個電車檢查周期延長至十二年至十五年左右，耐用期更達四十年或以上。柚木製電車第一個檢查周期為四年，耐用則只有二十年。

更換核心機械　使電車更環保

二〇一一年一月十三日，香港電車與中國北車永濟電機公司正式訂購第一批新摩打。新電車使用可提供再生能源的交流摩打電機，取代沿用百年的英國製直流摩打電機。此為度身訂造的交流摩打，IGBT控制器。VVVF技術改變電壓頻率來調控車速，再生制動，當司機把電車刹停時，車的慣性力量推動摩打變為發電機，產生電流回輸到電網上，能源回饋達百分之二十五，提供更環保功能。新電車車速可行至六十公里，但礙於路面上車站及交通燈位較頻密，一般行駛約二百清潔人員在早上抓緊時間為電車清潔。

米便須停下，所以車速設限在每小時四十公里至四十二公里，以令乘客搭乘時感覺更舒適。自新電車推出後，電車車長均稱之為「高科技」，並以駕駛此電車為榮。

繁忙的車廠　確保可靠的電車服務

現時每天約有一百四十八輛電車在市面行走，早上可說是電車廠最忙碌的時間，除了大批電車車長前來上班報到外，維修及清潔人員更要抓緊時間，為即將出發為市民服務的電車作最後檢查及清潔，而每天則約有二十二輛電車需留廠作定期檢修工作。

香港製造　揚威海外

很多國家注重減碳排放，世界多個城市在這三十年間已重新引入現代化電車，以減少路面汽車。香港電車公司都收到外地希望引入與香港電車相似的系統，如馬來西亞檳城及印度孟買。興建電車系統較其他重型鐵路簡單及經濟，如興建五公里的小型電車系統，最快兩年時間便可完成。

電車伴我 百載同行

上環德輔道中近銀龍酒家，上環街市電車總站，1960 年代。

中華汽車引入雙層巴士，圖為上環街市，1960 年代。

堅尼地城總站，1960 至 1970 年代。

中環中央市場，1950 年代。

中環德輔道中與雪廠街交界，1960 至 1970 年代。

由中環美利道口的皇后大道東，西望滙豐銀行總行，1950 年代。

國慶節，中國銀行大樓被裝飾成天安門城樓的樣子，1960 年代。

左邊是灣仔修頓球場，1950 年代。

灣仔莊士敦道龍門酒樓，1970 年代。

第四代電車駛經上環永樂街附近，1950 年代。

左面是灣仔道，中間是灣仔菲林明道與莊士敦道交界，
右面則是著名的「英京大酒家」，1940 年代。

灣仔軒尼斯道，1950 年代。圖中的教會會堂於 1994 年拆卸重建。

銅鑼灣軒尼斯道，前方路口是天樂里，電車從跑馬地總站駛出。
電車已發展至較為舒適的第四代，1920 年代。

銅鑼灣，霓紅燈五光十色，1960 至 1970 年代。

銅鑼灣波斯富街，1970 年代。

跑馬地，約 1940 年代。

天后維多利亞公園，1970 年代。

北角春秧街，1980 年代。

鰂魚涌英皇道與船塢里交界，1990 年代。

電車駛往英皇道太古船塢，1970 年代。

西灣河聖十字徑附近，1950 年代。

筲箕灣聖馬可中學附近，1950 年代。

繁忙的筲箕灣電車總站，1980 年代。

香港電車老行尊

受訪者：何志堅（香港電車職工會榮譽會長）

撰文：林嬋

1954 年電車工人在車廠外發起大罷工。

今年六十七歲的何志堅，人稱「堅叔」，是電車業內的老行尊，亦是香港電車職工會榮譽會長。大半生與電車一起成長，見證上個世紀工會火紅的年代以及電車行業的變遷。

訪問當天是二月某個週末，甫進入工會辦工室內，只見堅叔坐在一角做文書工作，見面後便親切的招呼坐下：「這裏已有多年歷史了，差不多成立了九十五年。」不止工會歷史悠久，連堅叔也由剛入行的黃毛小子，做到退休的老行尊了。

首站：入行

「我一九六四年入行，當時二十二歲，一直做到一九八九年退休。」本來從事機械工程的他，聽朋友説電車公司待遇不錯，於是便入行了，當時電車公司經營權還屬於怡和洋行，堅叔憶述：「有一次，有位朋友跟我説不如到電車公司去試試，我抱着一種進去『顛』（玩）一下的心態便去了電車公司！結果一『顛』就『顛』（玩）了二十年。」

「以前電車公司並沒有安排用膳時間，我們都是買個飯盒，然後吃『紅燈飯』。慢慢吃，食幾口又放到背後，繼續開車，等到紅燈時再拿起來吃幾口。」邊吃邊開車，由筲箕灣開始吃，一個飯盒往往要駛到灣仔才能吃完。直至多年後，有位司機因吃「紅燈飯」出了交通意外，電車司機才爭取到有三十分鐘的用膳時間。

辛苦嗎？

「很辛苦！但做了數年已離開不了，這份工勝在穩定。」但話説回頭：「其實應是苦樂參半吧，我總算也養大了兩個兒女！」堅叔記得剛進電車公司時時薪一個二毫八，一個月可賺上三百多元，在那個年代兩個雞尾包一毫半、一杯咖啡兩毫子、一碟飯六毫子，電車司機的人工比郵差和警察還高，直至一九七〇年代中電車公司被九龍倉和會德豐收購。

説罷堅叔拿了顆鈕扣出來，是當時員工制服上的金屬鈕扣，正面刻着「HONG KONG TRAMWAYS LIMITED」（香港電車有限公司），背後標示着「MADE IN ENGLAND」

電車公司員工制服鈕扣，及員工金屬編號徽章。

（英國製造），還有當時金屬製的的員工編號「676」，這些寶貝，他都珍而重之：「現在入行的新一代得不到這些東西了！」

由票務員到司機

堅叔待在電車公司工作一做二十年，其實他還未成為電車司機前，是當售票員的，一天賣到百多二百元，過千張票。一九六〇至一九七〇年代，馬路上還未有小巴和地鐵，電車是港島居民主要的交通工具之一：「最辛苦是在筲箕灣的那個站，中午十二時四十五分左右，開到差館前方那處，工人一放工，一百幾十人上車，你就得不停賣呀賣。」電車公司還不時派出調查人員，抽樣調查售票員有沒有賣少了票，做少了便要見「鬼頭」上司，被人記過，甚至停工，所以每天都要打醒十二分精神，究竟成人票、小童票、頭等、三等，還是軍人票，乘客要到上行線還是下行線，完全不能錯。

堅叔最記得有一次在太古大塞車，那是一個炎熱的下午，他拿着票袋等着等着，不知不覺就在上層睡着了，睡醒時竟發現不單嘴巴裏滿是煙頭，就連票昔日電車為港島主要交通工具，車站經常出現人潮。

袋、衫袋裏都有，情景有點像周星馳的電影般滑稽，堅叔提起這件事仍中氣十足，聽到大家都笑了。

單軌列車 VS 現代化電車

堅叔由年輕至退休一直都在工會工作，一九五〇年代罷工、一九九〇年代電車司機爭取吃飯時間，以至電車公司易手等重要事件，身為工會要員的他都參與籌劃，動員爭取福利，去年城中不斷討論啟德應興建單軌鐵路系統還是現代化電車，他當然支持興建現代化電車。

一直都說現代化電車的建造成本比單軌列車更便宜，然而政府卻偏向興建單軌，對此堅叔亦有自己的見解。堅叔出外旅遊時亦不忘留意別國的列車：「我曾經在吉隆坡見過有單軌列車，覺得單軌列車行走時會發出嘈吵的噪音。其實，我反對興建單軌列車還有另外兩個原因，首先是出現意外時，在消防員前來救援之前，不知道乘客該如何逃生？第二，就是成本高，其實世界各地很多城市都因為價錢貴，而不選擇建造單軌列車。」他續指現在的新款觀光電車都很先進，甚至中國大陸，有部分城市的電車設備比香港更先進。若說到電車的不好處，那就是它需要佔用路面空間。

現在的年輕一代很少可以一份工作做一輩子的了，堅叔正正展現了上一代對行業的忠誠。

1950年代，電車工會會員於會慶表演口琴。

1980年代，參與電車工會舉辦的活動，左為堅叔。

1951 年 10 月開始，資方不承認工會，撕毀勞資協約，
電車資方莊士頓橫蠻無理不斷大肆開除工人，
1954 年電車工人團結起來反對電車公司無理解僱，在車廠外發起大罷工。

一起走過繁華電車路

受訪者：任偉生（聖雅各福群會中西區導賞員）
撰文：林嬋

任偉生的學生時代，與同學在操場拍的班相。

我們的城市像變形蟲，這邊廂重建移走鐘樓，那邊廂填海鋪橋，這二十年來變得特別快，慶幸電車在過去一個多世紀，仍繼續接載這城裏的人，同時亦盛載着不同人生，見證不同故事。上環老街坊任偉生，由童年開始乘搭電車，到現在兒女都工作了，他仍留在上環。看着車外風景，究竟這城變了多少？

星期日中午，在上環港鐵站E2出口外，商廈林立，德輔道中的電車路旁是兩家耀眼的百貨公司，沿路看看還有三家銀行、一家文具店。在茶餐廳前方轉入小路，路邊有唐樓，有家具店，與前面的商業味道截然不同。上環就是這麼有趣，具商業味同時又富生活氣息，要數上環地道的街道，隨便都可舉出幾條，海味街、藥材街、圖章街、古董街、棺材街……

我們在新紀元廣場內一間快餐店坐下，這時窗外陽光正好，時間回轉到最初……

老街坊眼中的電車路

「記得以前電車路兩旁有很多茶樓和戲院，以前金龍中心有間『金龍酒家』。對面無限極廣場的位置是『新世界戲院』，到了我們讀書年代才變成『恆星戲院』，後面是很舊的政府建築物，屬於海事處的。」任先生道出了當年舊區的幾個地標。

任先生是上環的老街坊，生於一九五八年，今年五十六歲，當日他還特意拿了自己的出世紙來，上面寫有「贊育醫院出世」和「荷李活道39號」的住址。直到七、八歲左右，任先生才搬到城皇街，然後由童年時代、青少年時代一直到結婚前都住在那裏。

一毫子的玩意

「中學時在灣仔上學，每天都搭電車到學校。」有一年，男孩間不知由誰先發起了一種「無厘頭」玩意。

「我們把一毫子丟在電車路軌上，讓駛過的電車輾過它，一輛不夠，往往會等上三、四輛電車經過了，才拾起那個完全變了模樣的一毫子。」一九七〇年代的一毫，跟我們現時的五毫一樣大，那些變形的一毫子我們各自保留了一些，每次拿出來看總讓人記起那時未泯的童心。「我也留起了兩個，可惜有次展覽被主辦機構丟失了。」任先生每次提起都感到特別心痛。

學生哥聚腳點

那時放學後，一大班男同學都會隨便跳上一輛電車便四處去，銅鑼灣和中環都是他當年留下不少回憶的地方。最經常去的還有銅鑼灣的「豪華戲院」，那裏有間設在地庫的快餐店：「我們很多同學去那裏，除了吃喝之外，當然還有『撩女仔』。」餐廳的名字叫「豪華巴沙」，即英文「Plaza」的譯音，當年是學界大熱的「蒲點」，很多學生放學後就在這裏聚腳。這點跟一九九〇年代有點相似，只不過我當年的聚腳點是八佰伴，可惜這個地方現在已消失了。

當年任先生和附近街坊鄰里，大家都玩得很熟絡，彼此熟悉，連女友都是住在這裏時認識的。拍拖時，女友經常提議坐電車，因為怕坐巴士會頭暈，於是二人有空便在電車上沿途欣賞風景，享受浪漫時光，當時的女友，便是後來的任太太，因此電車可謂充滿了二人的拍拖回憶。

消失了的街道

一個人由出生至成家立室，到兒女出世，人生重要的階段都沒有離開過這區，自然對這地方產生感情，產生歸屬感。可惜一個地方的重建，不止是地區面貌的改變，連帶回憶和人際關係都被連根拔起。

當中有「被消失」的永勝街，這條街道新一代應該沒有太多人知道，但「鴨蛋街」的外號總有人聽過吧！那裏還有間「得雲茶樓」，「以前那代人都叫它『得揾、得揾』，當時很有名，就在鴨蛋街樓上。」任先生畫出地圖，有個拱形門穿到永勝街去。

另外還有極具本土文化特色的「大笪地」，即當年大家飯後的消費娛樂場所。「最有趣是那裏以前有

1970 至 1980 年代，銅鑼灣已是年輕人的聚腳地。

很多裁縫店。經過時，你會聽到四個字『造衫？造褲？』」。最特別的是在農曆年後，店裏會取出沒人領取的訂造衣服來賣，任先生跟朋友最喜歡結伴去挑選這些「跳樓貨」。

「小時候還有炸子雞，都是即場炸再斬件，我還記得那味道，又便宜又好吃！到了後來才有人說那些雞都是上環街市的死雞。」任先生說起往事時眉飛色舞。

後記

提起「大笪地」，很遺憾當年未有機會見識過。其實過往香港經歷了多次重建，當我們追溯這些生活點滴時，不知同一時間又有多少有人情味的地方在城市發展中消失，希望這裏不只為緬懷失去的景物，更重要的是大家懂得守護當下僅存的事物。

郵政署於 2004 年電車一百周年時推出紀念品郵票，
張順光不惜走遍每間電車路沿線郵局，為紀念封加印蓋章。

對電車情有獨鍾

受訪者：張順光（香港收藏家協會副會長）
撰文：梁希賢、李俊龍

每一件電車物品及照片，都記載着香港社會的變化，呈現出一段段的歷史故事，這正是其珍貴之處，路軌旁的舊景物雖然已改變，但照片內的電車，至今依舊存在，即使在歷史洪流的衝擊下仍沒有停步。張順光除了喜歡收藏，同時也是一位電車迷。當這兩個興趣結合起來，就產生了一些化學作用。

「現今世界上只有香港擁有雙層電車車隊，而且經歷了一百一十年服務從沒有間斷過，即使在日本佔領時期亦如是。」張順光說電車的優點十分多，她既是環保的交通工具，站和站之間的距離又較短，行駛穩定上落方便，因此很適合大眾使用，而且意外率十分低。電車所富有的人情味，是其他交通工具難以比擬的，她是香港的標誌。

在收藏中尋找真樂趣

身為香港收藏家協會副會長，張順光對香港歷史素有研究，對收藏懷舊物品有濃厚興趣。

張順光經常出席各大小拍賣會，並第一時間「尋寶」，留意當中會否出現心頭好。「一九九二年在三棟屋博物館舉辦明信片展覽，當時的題材是老香港情懷，不單有電車，還有街道、舊建築、老店舖、生活片段等等。我特別感謝一位朋友，於展覽後啟發了我，使我真切感受到自己在眾多藏品中對電車的特別鍾愛，自那時便開始專注於收藏電車物品。」就每件藏品獨立來看，雖然有一定價值，但當擁有了集中專門的類別，收藏價值也會愈高。

生活經歷誘發收藏興趣

張順光坦言要在他的收藏品當中選出一件最有意義，或是最獨特的藏品實在不容易，但如果說最喜歡的種類，就會是照片。「每張照片都有獨特的味道及訴說不同的故事，故很難說最喜歡哪一張，不過，當我找到屬於自己年代的照片，印象就會較深刻。」張順光表示當年菲林很貴，因此拍攝照片的成本很高，所以當時大都拍人像照而很少拍攝街景照片，有電車在內的照片就更少，所以電車圖片十分珍貴。

千金難買心頭好，張順光收藏的電車票得來不易。

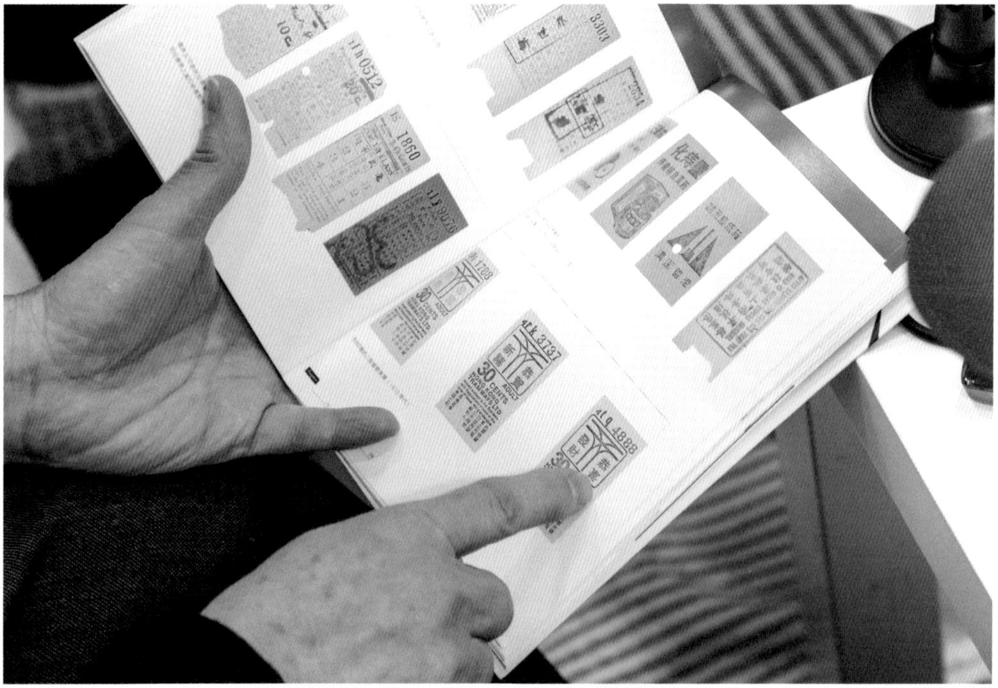

照片是張順光最喜歡的收藏類別，反而較少留意的是電車車票。「因為當時電車票太過普遍，因此不會覺得珍貴。大家坐完車隨手就會把它扔掉，除非收到印上幸運號碼的電車票。不過，即使當時有保存，也會在很多情況下，例如搬屋的時候丟棄或丟失。」張順光指要找舊車票除了上拍賣網站尋找外，也曾嘗試在舊書中尋找，原來當時人們喜愛把車票作書籤用。

談到最想得到的車票，張順光說千金難買心頭好。「電車票的需求很大，但是市場供應非常少。因此電車車票的價格很高，最貴的甚至過萬。」他說最難找的車票是日佔時期，因為當時人們連性命都顧不上，很難有餘興去收藏車票。其次難找的，就是電車最初通車時期的車票，因為年代太久遠，數量少，且當時人們沒有收藏的意識。

張順光寄望香港人更愛惜及了解香港獨有的電車文化，且能繼續發揚其光芒。「歷史需要有系統地梳理，收藏品便是一個很好的方法去梳理和傳承歷史。」

印製於木材上的特製名信片。

這張早年中環舊照片，是張順光的心頭好。

電車上的地道浪漫

受訪者：黃夏蕙

撰文：梁希賢，李俊龍

1957 年黃夏蕙已是當紅影星，不時出席公開活動。

影視紅星黃夏蕙，人稱「夏蕙ＢＢ」，年逾八十仍活躍於娛樂圈，近期甚至為社會公義發聲，她所到之處必吸引途人目光。筆者正式與夏蕙姨見面，是在「香港電車文化館」，她是開幕嘉賓，然後才得知她和電車的感情很深厚，對電車有一份愛惜及期盼之情。縱使她是公眾人物，但仍堅持抽空與丈夫搭電車，在車廂中細味往日情，感受城市變遷。

土生土長　有一份地道

「我很喜歡電車的『叮叮』聲，感覺很親切。」

「以前我住在灣仔駱克道，不太懂得坐巴士，每天只懂坐電車到西環上學。」夏蕙姨說當時電車仍有分等級，上層是頭等，下層是三等，她常坐三等，原因是上落較快及車費較便宜，車費只需一仙。「印象中以前搭電車沒現在那樣擁擠，現在真的太擁擠了。昔日坐電車的大部分是中產人士，算是有點錢的。」

夏蕙姨憶述有一次因為電車罷工，電車服務暫停，她要步行上學。「當時我步行了超過兩個小時，回到學校時已經很晚，但是又不能夠不回校啊。」

夏蕙姨回憶以前閒時娛樂的選擇很少，因此喜歡與朋友一起坐電車遊車河和吹海風。她說以前的中環碼頭一下船就是電車站，而且紅磡海底隧道仍未建成，因此有不少市民下船後會轉乘電車「駁腳」，也有很多乘客坐電車到碼頭然後轉乘小輪。「以前行人及車輛不多，電車行走得很順暢，反觀現在路面上比較多人及車，常常引起阻塞，故電車行走沒那麼順暢了。」

大家都想知道，夏蕙姨有否在電車上遇到有趣或難忘的事。她想想說：「沒有什麼特別難忘或有趣的事發生過呢！以前學校的姑娘（即老師）都很兇，若在放學後一段時間仍未回家，在街上遇到她們定必被狠狠責備，所以求學時期甚少逛街，因此較難遇到印象深刻的事。」確實有點可惜呢，那年代社會思想保守，家長對子女管教甚嚴，尤其是女生。此時夏蕙姨小聲地說：「如果真要說的話，就是有售票員想認識我吧，因為我當時十分清純漂亮呢！」

在一九七三年前電車仍然使用人手售票，亦聽聞有些人可以巧妙地避過售票員而成功逃票。那夏蕙姨有沒有試過逃票呢？她反應甚大的說：「雖然不時有人逃票，但我自小已很有正義感，不會做壞事。」

電車是很好的交通工具

電車予大眾印象都是又慢又熱，夏天或趕時間時便會選擇其他交通工具，夏蕙姨每天要悉心打扮，相信坐電車會有點吃力。「天氣及車速不會令我不搭電車，有需要的時候就會搭。現在仍會經常搭電車，不過通常都會和丈夫一起搭，他覺得搭電車比較方便，但如果是我自己一個人外出，就大多搭港鐵及巴士了。」

電車如人生　繼續走在最前

對於電車的演變，夏蕙姨坦言沒甚留意，通常有車就搭，不會留意太多。近期電車公司正不斷更新電車車隊及進行提升服務，夏蕙姨表示這些新設施非常討好。「我覺得新一代的電車比較好呢！比以前的舒服！」

最近全城熱話啟德新發展區應該用現代化電車還是單軌鐵路，夏蕙姨說現代化電車是個不錯的選擇，是懶人的恩物；至於單軌鐵路她就覺得比較「論盡」，上上落落不是很方便。

「我希望日後電車可以加裝冷氣，夏天搭電車個個都汗流浹背且有異味，這些經歷真是糟糕。如果安裝了冷氣，搭電車會舒服得多，即使車費稍為上調也是值得的。」夏蕙姨認為加裝冷氣除了舒適及消除異味之外，也可以改善車內空氣。「最重要的是電車公司繼續用心發展及改良電車，這樣才會吸引更多市民乘搭。」

以長者來說，夏蕙姨真的是走在最前從未言退，勇於接受新事物，怪不得她懂得上Facebook呢。

電車路臨海而建，未填海前，可以一邊遊電車河一邊觀賞海景。

電車印象

受訪者：陳志全，又名「慢必」，
香港第五屆立法會議員（新界東，2012-2016）
撰文：李俊龍

慢必與新界東居民在「DeTour 課室」電車舉行分享會。

這天立法會議員陳志全在「DeTour 2013 課室」電車上舉行「慢必書房．電車讀書會」，與一眾新界東街坊分享《慢活》一書。「慢活」是叫人懂得從步伐急促的生活中學習欣賞，然後找尋屬於自己的調子，這主題正切合電車的特徵。

我很榮幸有機會以工作人員的身份，與慢必在「DeTour」活動上正式見面及認識。由於地域因素，新界東的街坊較少乘搭電車，對於是次能登上這輛經改裝的特別電車，一眾街坊都顯得十分雀躍，照片拍個不停。活動結束後，終於有機會與慢必坐下閒談，期間話題都離不開電車。居於港島多年的慢必，原來自幼已和電車結下不解之緣，甚至發生了一件鮮為人知的事，可能稍有差池便改變一生。

生活印象　與電車息息相關

慢必憶起兒時乘搭電車由灣仔往慈幼學校，因為媽媽搭巴士會暈車，行駛穩定的電車便成首選。他印象中電車內總是擁擠的，下層兩排橫向坐椅的格局非常獨特，最記得有一次，一名印巴籍男子坐在慢必媽媽旁，不知怎地興奮的拍着自己的大腿，怎料有兩下突然拍到了他媽媽腿上，媽媽慘被嚇至花容失色。

關於電車還有一些零碎的片段，「昔日銅鑼灣時代廣場是電車廠，被乾濕貨市場包圍，我特別愛流連路中心的一檔金魚檔，欣賞那些魚兒慢慢的游來游去。還有，當時市民衛生意識不高，我記得電車站頂蓋總是上層乘客的垃圾桶，有時更會出現一、兩本色情刊物，包羅萬有，真是大開眼界。」慢必興奮的說。

平常不過的事你或不易記起，有些事件卻是令人猶有餘悸，牢記一生。這時慢必收起了笑容，輕聲說：「我曾被電車撞過啊！」我呆了一下不懂反應，只有「吓！」的一聲。他續說：「八歲那年，如常帶着妹妹上學，路過銅鑼灣波斯富街近瑞士錶行的街口，走着走着突然感到有股壓迫力，腳部如被鐵推着。」

原來是一輛電車！幸好車長及時把電車煞停，但車頭在生死時速間已觸及慢必，令人驚訝的是他竟然沒有受傷，其實只差分毫就成為輪下亡魂了，以後過馬路真要留神啊！

電車上　記憶是甜的

大家都渴望或祈求在電車上發生浪漫故事，慢必已有所經歷。二〇〇三年生日晚上，當時的男友先約慢必到西環見面，對他來說這地點有些冷門，不太曉得是什麼鬼主意。

此時，一輛古典電車徐徐駛到他面前，男友已悉
此時，一輛古典電車徐徐駛到他面前，男友已悉
心安排了香檳及蛋糕，電車駛經中環、灣仔及跑馬地等地，除了車長便只得他倆，相當溫馨。不需多說，這麼驚喜又浪漫的情景，雙目肯定只放在對方身上。難怪當筆者向慢必問及那輛古典電車車身是什麼顏色時，他卻已忘得一乾二淨呢。

盼望增強特色電車

談到電車發展，慢必認為電車是香港的重要文化寶物，也是一種很方便的交通工具，不像乘港鐵般需要走一段路才到車站月台，就算車程快了，但整體時間也與電車差不太遠。

由於港島區讓電車路線發展的空間不大，慢必建議電車公司可製造多些主題電車或花車，以吸引更多市民及遊客留意，正如這次以「課室」為主題的電車活動就非常成功。

電車可比喻慢活，是代表生活態度。

古典電車，可供私人或公司租用舉辦活動。

「DeTour 課室」電車最吸引人目光莫過於全透明的車身。

走進電車藝術空間

受訪者：李宇軒 Brian Lee（理工大學設計系講師）
撰文：林嬋

「DeTour 黑盒」電車可說是一個密室，
乘客可在車內體驗以視聽器材播放的故事。

對尋常街坊來說，每天在街道穿梭的電車，不就是接載他們往返上班上學的交通工具嘛，誰也沒想到電車有天竟成了藝術媒介，化身為流動影院、教室、餐車，甚至是表演舞台！以上都是二〇一三年文藝盛事「DeTour」活動內的電車主題，把這樣一份驚喜帶入社區，全靠幕後一群策展人及設計師。

過去幾屆的「DeTour」都是定點進行，在特定的建築物內舉辦一些展覽，二〇一三的「DeTour」卻利用了行駛中的電車路線來串聯不同地點，設計了一個前所未有具距離及時間關係的展覽空間，重新定義電車的角色。四個主題電車分別為：「DeTour 饗宴」、「DeTour 黑盒」、「DeTour 舞台」以及「DeTour 課室」。

「DeTour 課室」電車設計

其中一位設計師，兼理工大學設計系講師的 Brian 就參與了以課室為主題的電車車身設計。整輛電車最吸引人目光的莫過於全透明的車身，無論是對乘客或途人來說，都是一個全新的視覺體驗。

「當時我們希望令這輛課室電車在角色上表現得 active（主動）一點，因為課室一直給我們的感覺都是被動的，由老師主導，學生純粹是接收。而且，我們不想只有裏面的人才是接收者，那麼如果將電車設計為透明的話就能展示內部結構，群眾亦因此可看到平日看不見的電車設計。」

當日的設計意念或者部分源自設計師小時候的經驗，Brian是新界人，雖不像港島人般可以時常搭電車，但小時候每次坐電車時，腦袋中都充滿各式各樣的設計疑問，例如「為什麼窗子往上推後也不會掉下來」。直至這次參與活動，看到車身外殼拆下來那刻，多年來的謎團才得以解開，相信是次設計同樣滿足了不少具好奇心的人。

電車：一本能閱讀的歷史書

課室電車的出發點是希望可以帶出教育的用途，透明的電車本身就像一本能閱讀的書，至於內部上層是流動圖書館，伴隨着窗外不停轉換的風景，讓讀者可以坐在電車上閱讀各類設計及建築書籍，十分愜意，而下層是電車歷史展覽和故事分享。其實由電車走到教室是兩個極端的概念，但創意的本質就是把不可能變成可能，究竟把一輛電車改頭換面的過程有多困難？撇除四處尋找適合的物料及反覆測試等必經的設計過程，對有豐富設計經驗的Brian來說還不算難，原來最難的是要過政府這一關。

「工作到了我們的手中時，所剩時間已不多，設計的樣式除了要電車公司通過外，還要經過機電工程署的反覆檢視，確定安全後才能推出。」當大家明白連一棵樹落葉太多都會構成管理問題時，就可想像政府的審慎程度有多高，一直等到電車出街前一天才正式得到批准，好險。

一項設計背後牽涉多個部門的溝通及合作，而令Brian感到匪夷所思的是連作風保守的政府都願意通過這項設計，可見香港人的眼界闊了，接受新事物的能力提高了，可以容許新思維的出現。其實別人常說外國的設計較大膽、較好玩，事實證明香港也一樣可以！

過程難忘一個人

設計過程中有難忘事嗎？Brian停頓了一下，認真地多謝一個人，沒有他，整個計劃或者不會這麼順利，甚至未必成事。原來Brian口中特別尊敬的人是電車公司的一位老臣子——高級工程師陳是耀先生（Steven Chan）。「Steven可以說是電車公司內具影響力的人，是整件事最關鍵的靈

「DeTour 課室」電車下層由香港電車迷會導賞員介紹電車及社區發展資料。

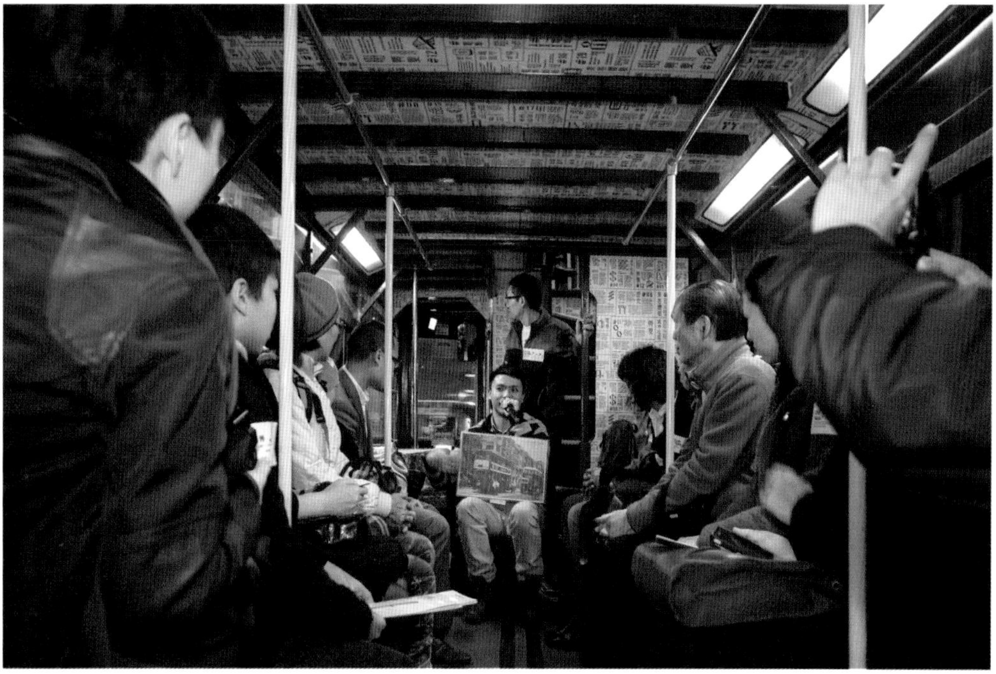

上層設有特大書架，
舉行讀者分享會及摺紙電車模型工作坊。

車內貼滿電車有趣問答。

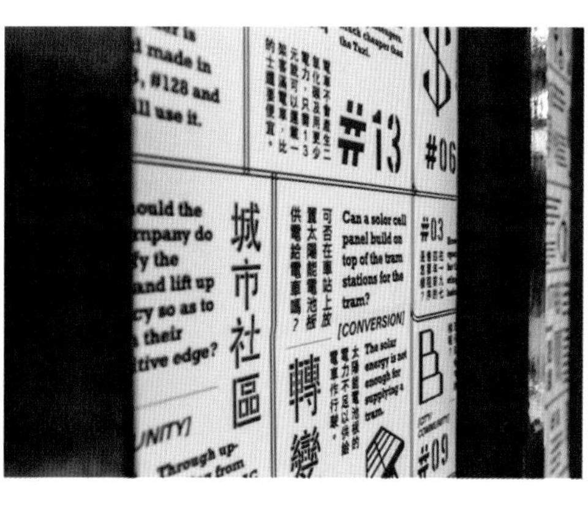

「DeTour 響宴」電車。

「DeTour 舞台」電車沿途有 DJ 打碟及歌星獻唱。

魂人物，對方得悉計劃其中一個目的是希望把電車推到另一層次時，他很樂意去成就這件事，所以想借這個訪問機會多謝他。」

關於Steven、Brian記得開幕活動時的一段小插曲，原來開幕當日見到Steven一直表現得像主人家般興奮，對方說早前已邀請身在外國的女兒回來一起參與這項盛事，可惜女兒最後未能抽空回來，結果Brian當天替他在電車前拍了張照片WhatsApp給他女兒，這件小事令他很感動，體會到對方對事件的投入及重視。Brian重申：「沒有Steven不可能成事，他替我們解決很多問題，盡量減輕我們的成本，以及能在限期前完成。」難得遇着有心人。

至於電車公司其他內部同事如行政人員、電車車長、工程人員等亦被感染，寫字樓的同事當天見到全新的電車都很開心，不停地拍照，大家都說：「做了電車公司這麼多年，從未想過電車可以變成這個樣子。」

用設計改變社會

用設計思維投放到傳統運作上，把一個平民交通工具提升至藝術層次，為社會帶來一點轉變，正是Brian口中的social innovation。整項「DeTour活動」可以說是大成功，不單在活動的創新元素，把交通設施及公共場所二合為一，更重要的是因為電車夠親民，成功把藝術融入社區，吸引到一群文藝圈以外的大眾參與活動，本身是電車迷之一的攝影師亦忍不住插嘴，表示是項活動很創新，顛覆了傳統。

當日的活動門票短時間內已經迅速派完，就連本身有份參與設計的Brian都沒有入場券，慘被家人投訴，最後還得四處「撲飛」，大家可想像到該活動受歡迎的程度。在這麼一個商業化的香港，能有這麼一群有心人，為城市播下一點文化種子，值得高興。

2000 年，黃道益於 120 號電車車身廣告。

黃道益：
香港老字號

受訪者：黃天賜（黃道益活絡油有限公司負責人）
撰文：李俊龍

直至 2013 年，
黃道益仍樂於與電車公司合作，以電車車身廣告作重點宣傳。

香港老字號——黃道益活絡油於一九六八年研發，並於深水埗設立了醫館。一九八八年，創辦人黃道益先生成立黃道益活絡油有限公司，企業化管理業務，並開拓海外華人市場。

黃先生表示，早於一九八〇年代末，該公司已開始於電車及巴士車身進行品牌宣傳。「回想起已是三十年前的事，我們在電車的第一個廣告是以橫額方式展示，指定要一九五〇年代款式的120號電車，而我們亦同時在另外一輛電車車身進行自家廣告宣傳。」黃先生真有眼光，120號電車正是車隊中最具特色的啊。

不久他已確定這是一個非常正確的推廣方法，公司接到很多客戶對產品的查詢，朋友亦盛讚電車廣告既漂亮又有特色。由於大家的反應十分正面，黃道益繼續採用電車車身賣廣告。一九九七年至一九九九年間，黃道益還邀請了著名畫家水禾田先生為廣告進行設計工作，使效果更為突出。

「香港傳統的雙層電車，可說是全球獨一無二，且歷史悠久的交通工具。尤其120號電車與黃道益產品的傳統形象配合得天衣無縫，這些優點使我們現在仍繼續使用電車作為重點宣傳。」趁着電車一百一十周年，黃先生表示公司將使用多一輛電車車身進行宣傳，這也算是支持電車的一分心意吧。

華隆瑞鋒動感電車套裝，配備軌道可行走。

華隆瑞鋒：與電車的一份緣

受訪者：Mr. Daniel Richner 華隆瑞鋒創辦人
(M+R Spedag Owner)
撰文：李俊龍

華隆瑞鋒電車駛經中環。

華隆瑞鋒（M+R Spedag）於一九八五年進軍亞洲，短短二十九年間已在運輸和物流界佔一席位。一輛編號72的電車，被漆上華隆瑞鋒企業的藍色及配上紅色圖案，非常亮麗奪目。是日與Mr. Daniel Richner 進行訪談，了解他的故事。

「我於一九八九年至一九九三年期間在香港工作，還記得當時只有紅磡海底隧道連接港島及九龍。我公司的寫字樓位於灣仔大有大廈，而合作伙伴則多集中在中環一帶，所以往來這兩個地方最快捷及可靠的交通工具就是電車，因此她便成為了我的主要代步工具，及後甚至成為生活的一部分。」只因這份情意結，使 Mr. Richner 離開香港後仍對電車「念念不忘」，更於二〇一〇年選擇了香港電車作為其集團於亞太區二十五周年的市場推廣活動之一。

「電車班次非常頻密，幾乎每分鐘也有電車經過。從商業角度及大眾接觸層面來考慮，我們相信使用電車車身作業務推廣能做到極佳的效果。自電車廣告面世後，我們得到了很多讚賞及回應，市民不單單說有看到我們的電車，更說是他們所見過最好的廣告設計之一。」

理想體現　延續精彩

由於全港只此一輛，所以在拍攝時都要刻意捕捉這輛電車，亦正因如此，筆者在去年大膽地聯絡華隆瑞鋒香港負責人，推薦生產及推出專屬的動感電車模型套裝。榮幸地，他們爽快地答應是次合作，現在這些最具特色的電車紀念品，都成為華隆瑞鋒公司給予客戶作市場推廣的最佳紀念禮品。

「在此我謹代表華隆瑞鋒，恭賀電車公司服務香港一百一十年，祝願一系列發展計劃及優化項目順利進行，同時也感謝電車帶給我方便、愉快的交通體驗。展望未來，電車服務邁向一個新的里程。」Mr. Richner 說。

經典電車廣告：香港李萬山藥廠

受訪者：何小姐（李萬山藥廠公司秘書）
撰文：李俊龍

經典廣告

電車車身廣告早在一九二〇年代已經出現，起初車身上只有一些簡單的宣傳字句，後來才漸漸發展成色彩繽紛的廣告。昔日的廣告商大多是醫藥、零售、飲食等較為大眾化，與市民生活息息相關的行業。

香港李萬山藥廠有限公司紮根香港，創立於一九六〇年代初期，歷史悠久。印象中是一家老字號的藥廠，在早年相對於同期的其他藥廠來說，甚少在交通工具及電視媒體上宣傳。而我個人認為我會注意到李萬山藥廠出品的「肚痛健胃整腸丸」，就是為電車車身上一幅耀眼的橫額長形彩圖，幾個藥瓶藥盒的李萬山整腸丸，標示着李萬山藥廠及那個穿着時尚白上衣、脖子戴上珍珠鏈、臉露微笑的年輕美女所吸引。

與電車同路

這次筆者很榮幸找來李萬山藥廠公司的秘書何小姐，來淺談一下當中的宣傳計劃。

「當時我們希望在港島區，尤其人流集中的購物點，或者旅遊區和商業區，都可以同時看見我們的產品在人群中出現。電車歷史悠久，擁有香港交通工具的特色和歷史文化，服務香港人超過一個世紀，就像我們香港李萬山藥廠一樣是歷史悠久的老字號，陪伴着香港成長、進步和繁榮。掛着廣告信息的『叮叮』電車，正是車隊中唯一一輛一九五〇年代款式的電車——120號，這確實是一個不錯的配搭。」

電車化身為「流動廣告牌」，每日接載不同階層，上下班的市民和遊客在穿梭港島鬧市的同時，也帶着車身上消費者需要的信息往來，確實有高效宣傳作用。自李萬山藥廠有限公司在電車作宣傳廣告後，更多的消費者對李萬山的產品有了認識和了解，也增加了不少消費群眾。「家居旅行，必備良藥」耳熟能詳，上班提醒，下班提醒，旺區購物逛街時不忘這橫額廣告字眼。

歷史悠久，與時並進的李萬山老店藥廠，廣告招牌掛在擁有一世紀歷史的交通工具——電車上，我們深信這樣的廣告宣傳組合，將與香港並肩進步，閃耀着光芒照向未來。

附　香港電車文化館

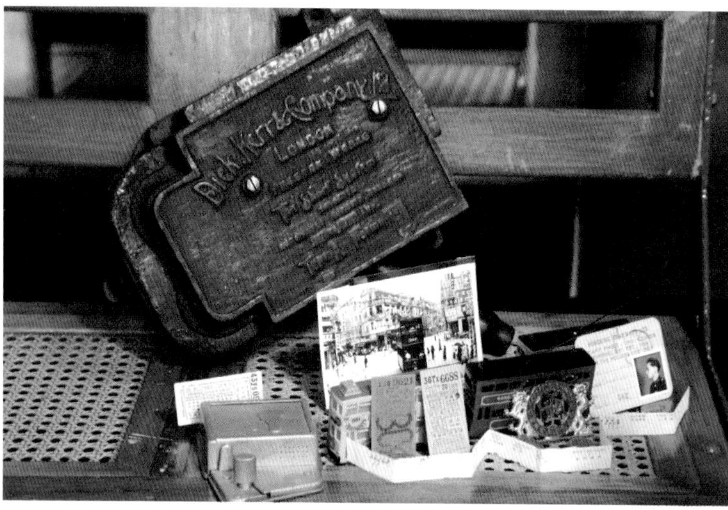

珍貴電車藏品。

1970 年代電車站牌。

電車紀念品。

目的地路線布牌，日後將被 LED 顯示取締。

昔日電車上的錢箱。

以推廣香港電車文化為主題的展館，館前仿造了一輛 1950 年代香港電車車頭。

成立電車展館

很多交通工具迷都是因為自小接觸得多，因此而迷上、繼而進化成粉絲，收藏各款交通工具相關的物品。很多汽車、鐵路及飛機產品，在香港的店舖或商店均買得到，而偏偏想收集具百年歷史的電車精品卻缺乏門路。我們經過多年的努力，榮幸地得到山頂廣場及電車公司的支持，在二〇一三年十月二十七日開設了屬於電車的主場——「香港電車文化館」。

「香港電車文化館」的建立，是希望可以讓市民深入認識電車不單是交通工具，更是香港發展的重要組成部分。大家如果想了解更多有關電車歷史及發展，來到這裏便可一清二楚，而且更可以欣賞到不少有關電車的珍藏展品。

世界各地很多地區都設有關於交通的博物館，香港的交通歷史雖然不短，但卻缺少這類讓交通工具迷落腳的場所。筆者一直認為，香港應該有自己的交通博物館，於是便嘗試自己親自開館，希望可以反過來帶動這種珍視本土文化的風氣。

館內設模擬電車車廂場景供參觀者拍照。

仿古香港招牌。

珍藏展品　營造氣氛

為了營造懷舊氣氛，我們在佈置上花了不少心思。館前以一輛按比例複製的一九五〇年代電車車頭作招徠，雖然這裏面積不算大，但麻雀雖小五臟俱全。展覽圍繞香港電車系統的變遷，以及對車輛設備及組件進行實物展出，闡述了各個不同時期的背景。館內設有一座舊電車與新電車的車廂場景，配上傳統的藤木坐椅供訪客拍照留念，旁邊更有由電車公司借出的電車站牌，牆上掛有黑底白字的路線牌捲布等。

在玻璃櫃內，更有不少具歷史價值的物品，包括了一九七〇年代的錢箱、昔日不同的車票、車票打孔機、車長證件、襟章、舊相名信片，甚至連出糧單及捉乘客搭「霸王電車」的英文報告也不缺。不過說到最搶眼的，當然是櫃內那些電車玩具及模型，由最懷舊的鐵皮製，要用人手上發條的電車模型，到時下塑膠製造，甚至電動的模型都有。從電車模型款式的轉變，亦可見證電車的變遷。館內更不時舉辦專題講座、親子模型工作坊、電車導賞團等，展示香港電車文化的特色。

參考書目

鄭寶鴻編著：《港島街道百年》，香港：三聯書店，二〇〇〇年。
鄭寶鴻編著：《消失中的城市建築》，香港：三聯書店，二〇一三年。
高添強著：《九巴同行八十年（1933-2013）》，香港：三聯書店，二〇一三年。
張順光著：《香港電車》，香港：三聯書店，一九九八年。

鳴謝（排名不分先後）

香港電車有限公司
黃道益活絡油有限公司
香港李萬山藥廠有限公司
華隆瑞鋒集團
張順光 先生
梁希賢 先生
廖錦新 先生
容學勤 先生
彭嘉慶 先生
馬興樹 先生
陳志全 先生
任偉生 先生
何志堅 先生
李宇軒 先生
陳俊融 先生
羅仲仁 先生
胡志豪 先生
林浩霆 先生
葉琳昌 先生
黃夏蕙 小姐
林嬋 小姐
朱慧敏 小姐
Mr. Graham Stewart
Mr. Donald MacRae
Mr. Raymond Chiu

責任編輯：胡卿旋
裝幀設計：曾泳貞
印務：劉漢舉

香港電車——叮囑一一〇年

Hong Kong Tramways : a glimpse of its century

編著　李俊龍

出版　中華書局（香港）有限公司
香港北角英皇道四九九號北角工業大廈一樓B
電話：（852）2137 2338　傳真：（852）2713 8202
電子郵件：info@chunghwabook.com.hk
網址：http://www.chunghwabook.com.hk

發行　香港聯合書刊物流有限公司
香港新界大埔汀麗路36號中華商務印刷大廈3字樓
電話：（852）2150 2100　傳真：（852）2407 3062
電子郵件：info@suplogistics.com.hk

印刷　中華商務彩色印刷有限公司
香港新界大埔汀麗路36號中華商務印刷大廈14字樓

版次　二〇一四年七月初版
二〇一四年八月第二次印刷

規格　大16開（240mm x170mm）

ISBN　978-988-8290-87-1